围棋入门一月通

田日新 编著

化学工业出版社
·北京·

图书在版编目（CIP）数据

围棋入门一月通/田日新编著.—北京：化学工业出版社，2021.10
ISBN 978-7-122-39690-7

Ⅰ.①围… Ⅱ.①田… Ⅲ.①围棋－基本知识 Ⅳ.①G891.3

中国版本图书馆CIP数据核字（2021）第156622号

责任编辑：史 懿　　　　　　　　装帧设计：李子姮
责任校对：王佳伟

出版发行：化学工业出版社（北京市东城区青年湖南街13号　邮政编码100011）
印　　刷：北京京华铭诚工贸有限公司
装　　订：三河市振勇印装有限公司
710mm×1000mm　1/16　印张15　字数207千字　2022年2月北京第1版第1次印刷

购书咨询：010-64518888　　　　　　　售后服务：010-64518899
网　　址：http://www.cip.com.cn
凡购买本书，如有缺损质量问题，本社销售中心负责调换。

定　　价：49.80元　　　　　　　　　　　　　　　　　版权所有　违者必究

前言 PREFACE

围棋被人们形象地比喻为黑白世界，它是历史最悠久的游戏种类之一。围棋将科学性、艺术性和竞技性三者融为一体，有着发展智力、培养意志品质的特点，因而几千年来长盛不衰，并逐渐发展成了一种国际性智力运动。

作为中国传统琴棋书画四艺之一，围棋与哲学、数学、军事科学、心理学等学科有着千丝万缕的联系，对开发人的思维力、想象力、记忆力等多层面的潜能，具有非常积极的作用。

本书以每一天为单位，先从基本规则、吃子方法、常用围棋技巧及应用、基本死活问题等方面，讲解围棋的局部技巧，再通过定式、布局选择、中盘攻防技巧和官子知识，将围棋的完整下法展现给读者，使读者在一个月内学会下围棋，并通过练习，检测知识掌握的程度。

本书着重讲解布局阶段的选点和中盘阶段对棋形的灵活应用。在教会基本围棋技巧的同时，引导初学者从大局观和战略战术的角度进行选点，帮助初学者在日常对弈中更好地活学活用。

希望本书为大家的学棋之路带来一份收获和快乐！

本书在编写过程中得到了李雪明、张学太、李少林、李俊霞、张芳宁、崔晶晶等人的大力帮助，在此深表谢意。由于成书时间仓促，不足之处在所难免，敬请广大读者朋友谅解。

编著者

2021年10月

第1章 围棋基础知识

第1天 围棋基本规则 ·· 2
　　一、认识棋盘和棋子 ·· 2
　　二、行棋基本规则 ·· 4
　　三、胜负判断 ·· 4
第2天 围棋基本下法 ·· 6
　　一、气 ·· 6
　　二、吃子 ·· 7
　　三、禁入点 ·· 9
　　四、基础着法 ·· 9
　综合练习 ·· 12

第2章 吃子基本技巧

第3天 抱吃与门吃 ·· 16
　　一、抱吃 ·· 16
　　二、门吃 ·· 18
第4天 双吃与枷吃 ·· 20
　　一、双吃 ·· 20
　　二、枷吃 ·· 23
第5天 征吃 ·· 26
第6天 扑吃 ·· 30
　　一、虎 ·· 30
　　二、扑 ·· 31
　　三、倒扑 ·· 31
　　四、接不归 ·· 34
第7天 边角吃子 ·· 37
　综合练习 ·· 41

第 3 章　围棋常用着法

第 8 天　常用着法一 ·· 46
　　一、飞 ··· 46
　　二、跳 ··· 47
　　三、立 ··· 48
　　四、尖 ··· 49
　　五、扳 ··· 50

第 9 天　常用着法二 ·· 52
　　一、挖 ··· 52
　　二、夹 ··· 53
　　三、托 ··· 54
　　四、刺 ··· 55
　　五、双 ··· 55

第 10 天　常用着法三 ·· 56
　　一、压 ··· 56
　　二、冲 ··· 56
　　三、退 ··· 57
　　四、挡 ··· 57
　　五、曲 ··· 58
　　六、靠 ··· 58

第 11 天　常用着法四 ·· 60
　　一、镇 ··· 60
　　二、并 ··· 60
　　三、爬 ··· 61
　　四、封 ··· 61
　　五、贴 ··· 61
　　六、挤 ··· 62
　　七、团 ··· 62
　　八、吊 ··· 62
　　九、嵌 ··· 63
　　十、碰 ··· 63

第 12 天　打劫 ·· 64
　　一、打劫的过程 ··· 64
　　二、劫材 ··· 65

第4章　死活基本技巧

第13天　眼与死活 …………………………… 68
　　一、真眼 …………………………………… 68
　　二、假眼 …………………………………… 69
　　三、死棋与活棋 …………………………… 69
　　四、公活 …………………………………… 74
第14天　做眼与破眼 ………………………… 76
　　一、做眼 …………………………………… 76
　　二、破眼 …………………………………… 78
第15天　常见死活棋形 ……………………… 82
第16天　做活与杀棋 ………………………… 93
　　一、做活的技巧 …………………………… 93
　　二、杀棋的技巧 …………………………… 96
第17天　死活训练 …………………………… 101
综合练习 ……………………………………… 108

第5章　布局基本技巧

第18天　布局的行棋顺序 …………………… 112
　　一、角、边、中腹 ………………………… 112
　　二、线路 …………………………………… 114
第19天　占角与占边 ………………………… 117
　　一、占角 …………………………………… 117
　　二、占边 …………………………………… 120
第20天　向中腹发展 ………………………… 126
第21天　常用定式 …………………………… 133
第22天　常见布局类型 ……………………… 139
　　一、二连星布局 …………………………… 139
　　二、三连星布局 …………………………… 140
　　三、中国流布局 …………………………… 142
　　四、小林流布局 …………………………… 143
　　五、其他布局 ……………………………… 144
综合练习 ……………………………………… 145

第6章 中盘基本技巧

第23天 先手与棋形 ……………………………… 152
　一、先手与后手 ……………………………… 152
　二、好形与坏形 ……………………………… 155

第24天 棋子的价值 ……………………………… 160
　一、价值计算 ………………………………… 160
　二、重要的棋子 ……………………………… 163
　三、大棋和小棋 ……………………………… 166

第25天 打入与攻击 ……………………………… 169
　一、打入 ……………………………………… 169
　二、攻击 ……………………………………… 173

第26天 防守与整形 ……………………………… 177
　一、防守 ……………………………………… 177
　二、联络 ……………………………………… 179
　三、弃子 ……………………………………… 182

第27天 腾挪 ……………………………………… 185

综合练习 ……………………………………………… 190

第7章 官子基本技巧

第28天 官子的种类和计算 ……………………… 193
　一、官子种类 ………………………………… 193
　二、官子计算 ………………………………… 196

第29天 官子的大小和收官次序 ………………… 200
　一、小官子 …………………………………… 200
　二、大官子 …………………………………… 202
　三、收官次序 ………………………………… 205

综合练习 ……………………………………………… 207

第8章 棋局的胜负

第30天 胜负计算 ………………………………… 210
　一、形势判断 ………………………………… 210
　二、数棋 ……………………………………… 217

综合练习答案

第 1 章

围棋基础知识

围棋，顾名思义，就是以围地多少来决定胜负的游戏。围棋的棋盘很大，我们要怎样占领地盘呢？本章我们就来学习围棋最基本的规则和下法。

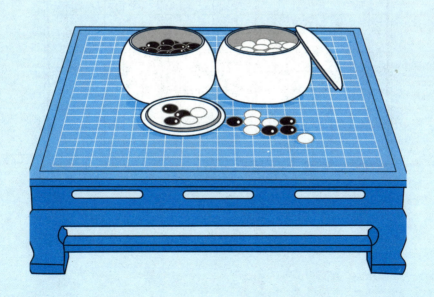

第1天 围棋基本规则

一、认识棋盘和棋子

围棋的棋具包括一张棋盘和黑白两种颜色的棋子。

如图1-1，围棋的棋盘是由19条横线和19条竖线垂直交叉形成的网格，网格上的交叉点共有361个。所有的棋子要下在交叉点上。

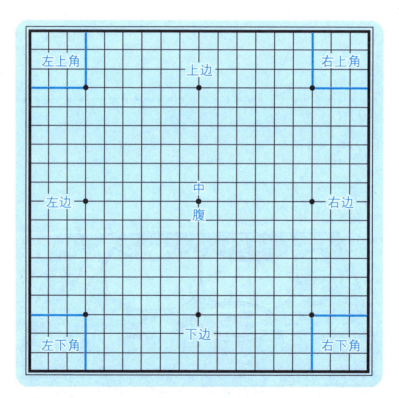

图 1-1

围棋的棋盘上标有9个突出的黑点,这9个点的主要作用是帮助棋手迅速地识别棋子在棋盘上的位置。其中,周边的8个黑点被称作"星",正中的黑点称作"天元"。

为了便于认识棋盘,我们将棋盘分为9个部分,如图1-1,分别是左上角、左下角、右上角、右下角、上边、下边、左边、右边和中腹。

如图1-2,A位均称作"小目",B位均称作"目外",C位均称作"高目",D位均称作"三三",E位均称作"五五"。

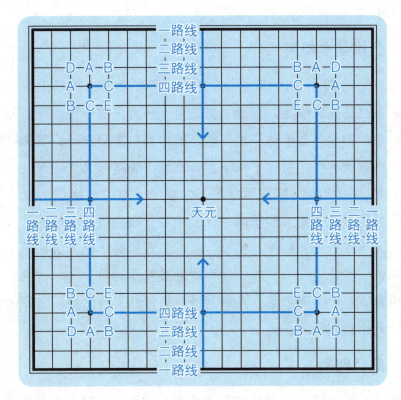

图 1-2

棋盘上的纵线和横线可以用来确定棋子的位置,通常以"几路线"来表示,如图1-2中箭头方向所示,由各条边向中腹方向数,分别为一路线、二路线、三路线、四路线,其他部分归为中腹。

角、边与中腹之间并没有明显的界线。图1-1中用粗线围起来的地方习惯上称作围棋盘上的四个角；中腹指图1-2中粗线以内（如箭头所示）的中央地带；棋盘的边是指粗线以外的地带（含四路线，但四个角除外）。通常，向棋盘的中央走棋叫作"向上"，向棋盘的边缘走棋叫作"向下"。

棋盘上的线路还有高低位之分，高位的范围是粗线以内的四路线和五路线；所谓低位，就是一至三路线。

在围棋中，围棋子分为黑、白两种颜色，呈扁圆形状。一副完整的棋子，黑棋181个，白棋180个。

二、行棋基本规则

下棋时，一般由执黑棋的一方先行。怎样确定谁执黑棋、谁执白棋呢？这要通过猜先来决定。猜先的方法是：一方先抓一把白子，然后让对方猜抓在手中的白子是单数还是双数，猜中则执黑棋先行，猜错则执白棋后行。双方轮流下子，每次下一子，一直到棋局结束为止。

下棋时，一定要想好以后再下子，棋子一旦下在棋盘上就不允许再移动，也就是不能悔棋。棋子离手，表示着子权完成。完成着子权后，再将棋子拿起下在别处，称为"悔棋"。发生悔棋时，裁判会按照棋规判棋子放回原处，并警告一次，若犯规两次会被直接判负。如一方的棋子不慎掉落于棋盘，经对方同意后，允许其捡起后任选着点。如双方不能达成一致意见，则由裁判裁决。

三、胜负判断

判定一局棋的胜负要看谁占的地盘多，即谁占的交叉点多谁获胜。

棋盘上共有361个交叉点，若按折半来计算，每方各得180½子便为和棋。1/2子在棋盘上是无法体现的。但是在某些特殊的棋局中，当一个交叉点双方都不能占领时，终局的时候便会被判为黑、白各一半，因此就形成了1/2子。棋盘总点数的一半（即180½）为自己的本数。一方的总得点数超过此数为胜，等于此数为和，小于此数为负。

由于在围棋规则中规定黑棋先下子，因此黑棋便具有了一定的先着威力。这样对白棋是很不利的，为了能使比赛公平地进行，需要给予白棋一定的补偿。中国现行围棋竞赛规则规定：执黑的一方在终局计算胜负时，需要贴给白棋3¾子。这样一来，在行棋结束后数各方的棋子时，黑棋只有获得185子才能算胜，胜3/4子；白棋得177个子为胜，黑负1/4子。如果双方的水平有一定差距，为了平衡双方的实力，可以下让先棋或让子棋。

让先棋是执黑一方在终局数子时，不贴出3¾子，而是以180½为标准，超过为胜，不足为负。

让子棋是根据对手水平的高低来进行的，让子数目一般为2子到9子不等，也可更多。由先手方（黑棋）在星位上放上被让的棋子，由白棋先行。在终局计算胜负的时候，按照让子数目黑棋须贴还一半给白棋。如让2子就还1子，让5子就还2½子，依此类推。如白棋收官后（占得最后一个单官）就要在黑棋应贴的子内减贴1/2子。由于围棋的规则规定黑棋所贴出的棋子不能是整数，因此通常每局棋都会有胜负之分，而不会出现和棋的现象。

第 2 天　围棋基本下法

一、气

在棋盘上每个棋子周围相邻的交叉点称为"气"。下棋时，数气很重要，气的多少决定棋子的生死。没有气的棋子是死子。

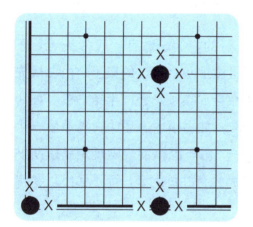

图 2-1

如图2-1，图中三个黑子各有几气呢？我们知道，与棋子相邻的交叉点（×位）叫作气。一个子如果放在二路线以上，会有4口气；如果放在边上的一路线就只有3口气；如果放在角上的位置仅仅有2口气。

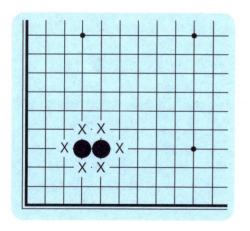

图 2-2

图2-2中两个黑子总共有6口气。

二、吃子

我们下一手棋之后,对方的棋子还剩1口气,这手棋就叫作"打吃",简称"打"。下一手棋之后,对方的子没有气了,就可以立即把对方没有气的子从棋盘上拿掉,我们把这一手段叫作"提"。

如图2-3,黑1都叫提。

在这里,我们要明确一个概念:凡是没有气的子必须立即从棋盘上拿掉,绝不能还放在棋盘上;凡是还有气的子,哪怕只有1口气,也绝不能拿掉。这个界线必须严格分清。

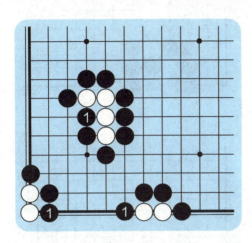

图 2-3

图2-4中,中腹、边、角上的白子,哪些应该拿掉?

如图2-5,中腹的两个白子和下边的三个白子应拿掉。左下角三个白子还有A位1口气,因此不能拿掉。

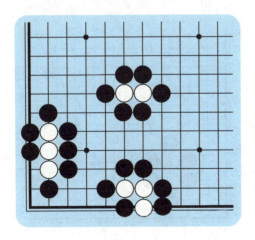

图 2-4

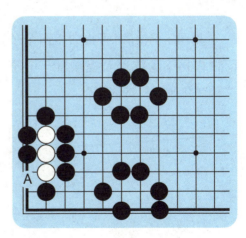

图 2-5

图2-6中，四个黑子只有A位1口气，两个白子也只有A位1口气，那么应该谁吃掉谁呢？

这种情况要看轮到哪一方先下子，如果轮到白棋下子，可下A位提掉黑棋四个子；如果轮到黑棋下子，也可下A位提掉白棋两个子。

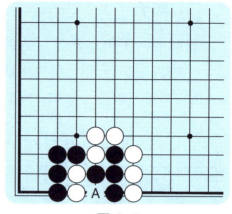

图 2-6

图2-7中，黑棋能吃白子吗？

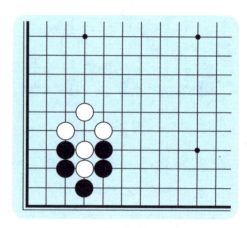

图 2-7

见图2-8，黑1可提白棋两个子，而白棋再下▲位也可提黑棋一个子，这种变化叫"打二还一"。

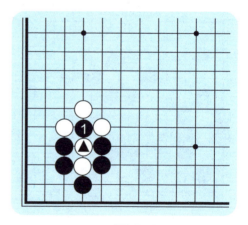

图 2-8

三、禁入点

图2-9中，被围困在下边的五个白子还有A、B位2口气，现在黑棋能下A位吗？

答案是：不能！因为黑子下到A位，白子还有B位1口气，而黑棋自己的子已经没有气了，所以黑棋不能下A位，这种点称为"禁入点"。黑棋必须先下B位，然后再下A位，就可提掉白棋五个子了。

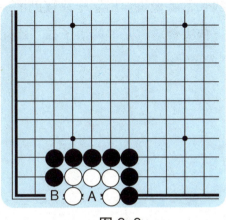

图 2-9

四、基础着法

棋子放在棋盘上，有三种最基础的关联方式，即长、连和断。长可以使自己棋子的气更多，生命力更强，不容易被吃掉。连是防守，即把自己的棋子连在一起，这样就不容易被对方吃掉了。相反，断是指把对方的棋子分开，这样才能更容易吃掉它们。

1. 长

在边角范围内，紧连着自己的棋子向左、向右或向上（以棋盘中心为上，以边线为下）再下一个棋子叫"长"。在中腹时，挨着自己的棋子向哪一个方向下子都可以叫长。

图2-10中，黑1都叫长。

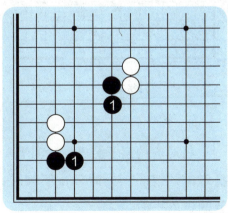

图 2-10

图2-11中,黑1都叫长。这里用的长,就像是伸出了一只援助的手,把快要被对方吃掉的棋子拉了出来。

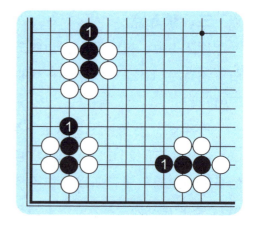

图 2-11

2. 连

连也叫"接",就是把自己的棋子直接连在一起,是最结实的连接方法。

图2-12中,黑1连,三个黑子连在一起非常结实。如果被白棋占据1位,就形成了双吃,黑棋就要被白棋吃掉一个子。因此,这时连接很重要。

图2-13中,黑1连,不但加强了自己,而且还威胁着白棋。

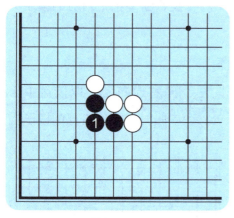

图 2-12

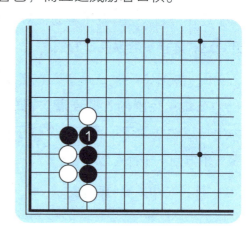

图 2-13

3. 断

将对方的棋子分开,使其暂时或永远不能形成整体的手段叫"断"。将对方的棋子一分为二,使其顾此失彼,这就是断的作用。断是十分重要的进攻手段。

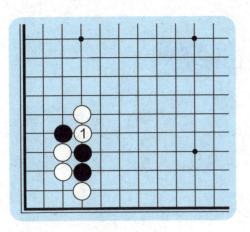

图 2-14

图2-14中,白1断,黑棋被分开,处境十分危险。

我们已经知道,气是棋子生存的必要条件,而整体的气要增加就必须把几个子连在一起,所以断是减少对方棋子的气进而威胁其生存的有效进攻手段。减少对方气的下法叫作"紧气"。

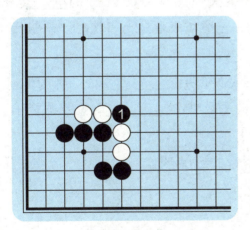

图 2-15

图2-15中,黑1也是断,它阻止了白棋下在此处,使白棋两块不能形成一个大的整体。黑1断后,白棋的气减少,黑棋的进攻由此开始。本图中如果白棋先下此处,则白棋成为一个五个子的整体,白子的气增加了不少,这样黑棋进攻白棋的难度也会大大增加。

综合练习

第1题：填空

1. 围棋棋盘有____条横线、____条纵线，共有____个交叉点，棋子要下在交叉点上。

2. 棋盘上共有____颗星，星的主要作用是识别棋子的____。棋盘的中心点叫作____。

3. 完整的一副棋子，黑有____子，白有____子。

4. 一局棋，执____者先行，黑白双方轮流进行，直至终局。

5. 终局计算胜负时，黑棋占____个子获胜，白棋占____个子获胜。

6. 紧挨着棋子并有线相连而且有放其他棋子的交叉点是该棋子的_____。

7. 棋子的气点均被对方棋子占领，己方棋子便呈无气状态。无气状态的棋子须从棋盘上拿掉，叫作_____。

8. 下一手棋后，对方只剩1口气，这手棋叫作_____。

9. 棋子被打吃时，要逃。往外跑的手段叫作_____，和己方棋子连起来的叫作_____。

10. 假设下子后，对方有气己方没气，这个点叫作_____。

第2题：如图，在空盘上分别标出角、边、中腹的大致区域。

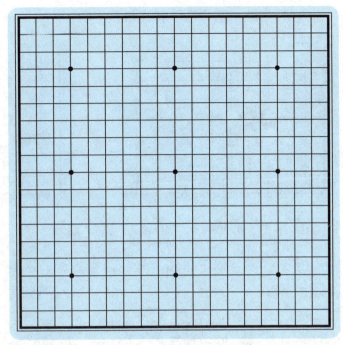

第2题

第3题：如图，在空盘上分别标出一、二、三、四路线。

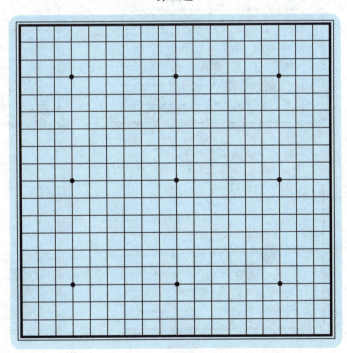

第3题

第4、5题：图中 ▲ 子有几口气？

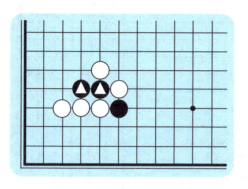

第4题

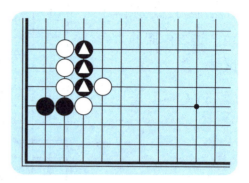

第5题

第6~9题：以下各图，轮到黑棋先走，黑棋下在哪里可以加强自己或攻击白棋？

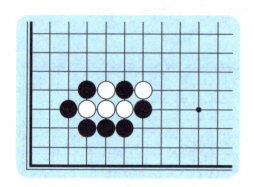

第6题

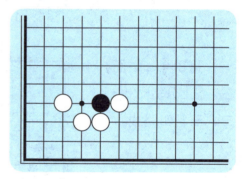

第7题

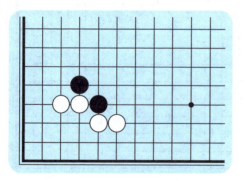

第8题

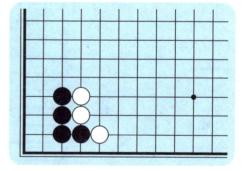

第9题

第 2 章

吃子基本技巧

在围地的过程中，黑白双方不可避免地要发生冲突，引发"战斗"，就像是古代战争中两国交兵两军对垒时，不是消灭敌人就是被敌人所消灭。所以，要学会下围棋首先要掌握吃子的技巧。这是围棋的基本功，希望大家能熟练地掌握这些技巧。

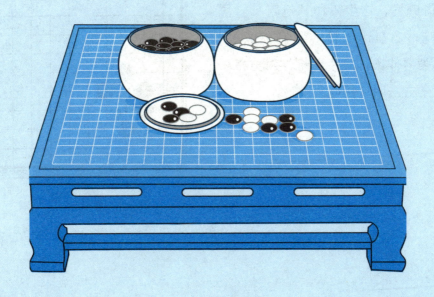

第 3 天　抱吃与门吃

一、抱吃

图3-1中，黑棋下在哪里能吃掉这个白子呢？

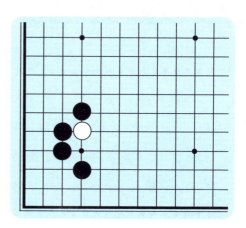

图 3-1

如图3-2，黑棋下在1位使白棋只剩1口气，这步叫作"打吃"。黑1打吃，白棋逃不掉。我们把像黑1这样类似伸出一只手臂抱住对方棋子的吃子方法叫"抱吃"。

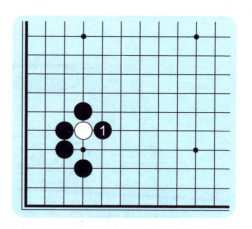

图 3-2

图3-3中,黑棋如何吃掉白▲二子并把自己连在一起呢?

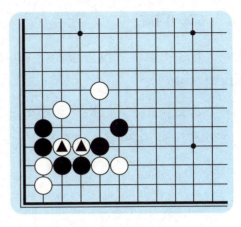

图 3-3

如图3-4,黑1冲,打吃两个白子,同时不让这两个白子与外面接应的棋子连接,当白2逃跑时,黑3断打(断的同时打吃)就形成了抱吃。

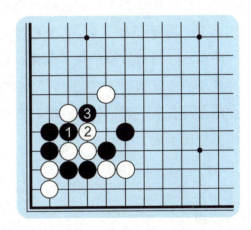

图 3-4

在图3-3中,两个▲子把黑棋分成了三块,同时被分断的黑棋又十分危险,我们把类似白▲这样的棋子称为"棋筋"。我们在今后的吃子练习及下整盘棋的实战中要特别注意自己和对方这样的棋筋。

二、门吃

图3-5中,黑棋应该如何来吃白棋二子呢?

假如黑棋在A位打吃,那么白棋就在B位长,黑棋吃不住白棋。

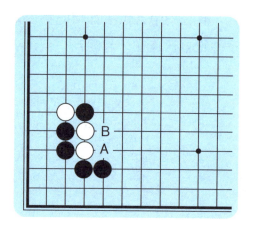

图 3-5

图3-6中,黑1打是好棋,白棋的两个子就跑不掉了。黑1与▲就像一扇门一样把对方棋子关了起来,这种吃子的方法就叫作"门吃"。白棋如果从A位逃,黑棋在B位提,白棋的损失反而更大了。

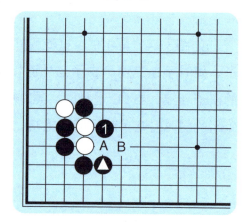

图 3-6

图3-7中,黑棋怎样下棋才能吃到白子呢?

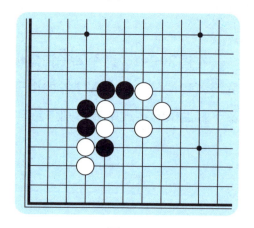

图 3-7

如图3-8,黑1门吃。白2若逃,黑3提,白4可回提黑棋一子,形成"打三还一",白棋无趣。

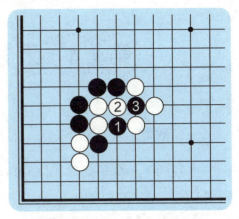

图 3-8（④=②）

图3-9中,黑棋被白棋分成了三块,怎样才能吃掉白子呢?

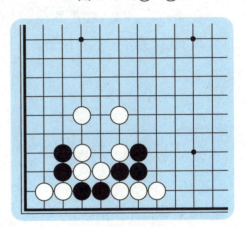

图 3-9

如图3-10,黑1打吃白棋三子是正确的,白2连时,黑3再门吃。

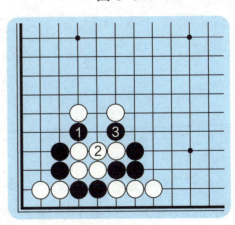

图 3-10

第 4 天　双吃与枷吃

一、双吃

当我们下一个子之后，同时打吃对方两部分棋子，我们下的这手棋就叫"双吃"或"双打"。

图4-1中，黑1就是双吃，白2连，黑3吃掉另外一边的白子。

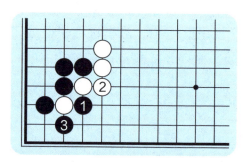

图 4-1

图4-2中，黑1双吃，白棋只能救出一边的棋子。

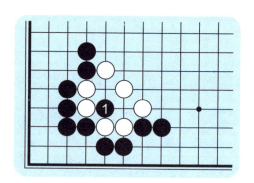

图 4-2

形成双吃的条件是我们一定要在对方两边棋子的公共气上打吃。形成双吃之后，我们一定能够吃到对方的棋子，但是选择让你吃什么子的权利在对方，这一点请注意。

图4-3中，黑棋能够吃到白子吗？

如图4-4，当然可以，这很简单，黑1双吃就可以了。

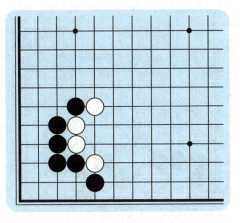

图 4-3

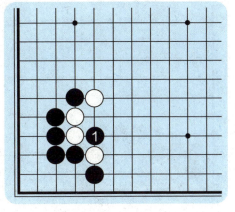

图 4-4

图4-5中，黑棋能吃到白子吗？

如图4-6，黑1先利用角上的死子打吃，白2提，黑3再双吃。

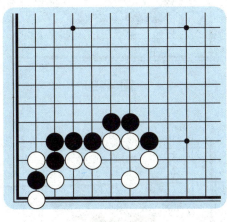

图 4-5

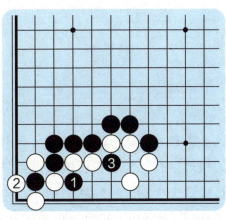

图 4-6

图4-7中，如何寻找白棋的弱点，然后吃掉它？

如图4-8，黑1双吃，白棋将全部被吃。

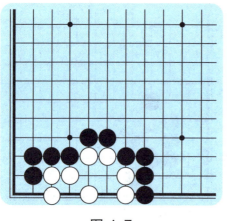
图 4-7

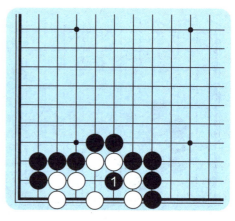
图 4-8

图4-9中，黑先，注意观察黑白双方的棋形，看看能否发现棋形的特点。

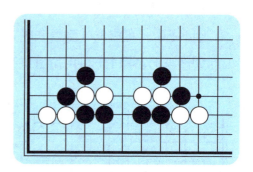
图 4-9

如图4-10，这是一个左右同形的棋形，有这样一句围棋俗语叫"两边同形走中间"。左右同形时，中间是要点。黑1在中间打，形成双吃。

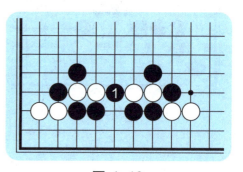
图 4-10

二、枷吃

枷是中国古代的一种刑具。"枷吃"是围棋的一种吃子方法。枷吃就像给对方的棋子戴上了枷这种刑具一样使对方无法逃脱。

图4-11中，由于有白▲一子的存在，黑棋在A位、B位都无法征吃（见第5天）分断黑棋的白子，黑棋应该怎么办呢？

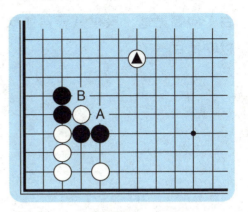

图 4-11

如图4-12，黑1罩住白一子，使之无法逃出，这样的吃子方法就是"枷吃"。

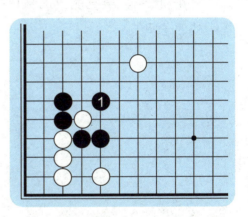

图 4-12

图4-13中，黑棋能否吃掉分断自己的白棋二子呢？

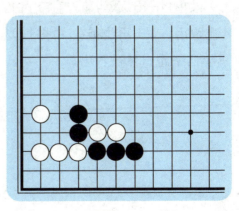

图 4-13

如图4-14，黑1枷吃，以后不管白子向哪里逃，黑棋只要挡住就可以吃掉白子了。

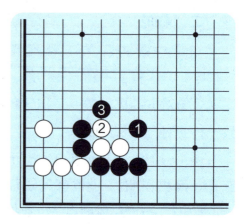

图 4-14

图4-15中，黑棋能救出被白棋围困的四子吗？

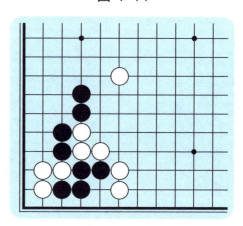

图 4-15

如图4-16，黑1、3打吃，白2、4逃跑后，黑5再枷吃。白棋被吃，黑棋四子也自然被救出。

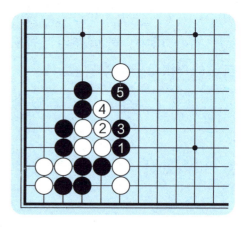

图 4-16

图4-17中,黑棋被白棋分成了三块,现在十分危险,用什么办法才能脱险呢?

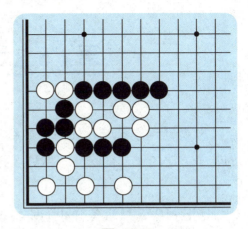

图 4-17

如图4-18,黑1打吃后再黑3枷,白4向外冲,白6断,想吃黑棋,但由于自己的气太少,结果被黑7打吃。黑棋脱险。

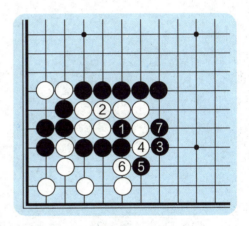

图 4-18

当我们枷吃对方棋子的时候一定要注意,自己各部分棋子的气都要比对方的气多,也就是说自己的气要比对方长。

第 5 天 征 吃

从两边连续打吃，使对方始终只有1口气，直到最后把对方全部吃掉的吃子方法叫作"征吃"，俗称"扭羊头"。

图5-1中，黑棋怎样才能吃掉这个白子呢？

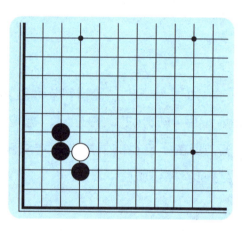

图 5-1

如图5-2，黑1打吃，白2长，黑3再打吃，白4再长，黑棋就这样始终围堵白棋逃跑的路线，一直打吃下去，直到边角，白棋无路可逃，这样就可以把白棋全部吃掉。

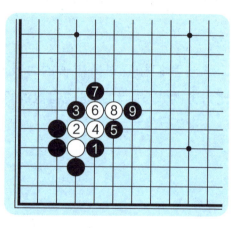

图 5-2

图5-3中，黑棋为什么让白棋逃掉了呢？原来是黑11打吃的方向错了，应该下在12位打吃，就可以征吃白棋了。在征吃的过程中，一定要注意对方向哪个方向长，就从哪个方向打吃，要始终打在对方逃跑路线的前面。

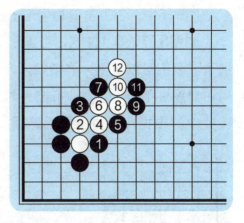

图 5-3

图5-4中，在右上方征吃的路线上有白▲一子，这个子叫作"接应子"。这时黑棋还能用扭羊头的方法吃掉白棋吗？

如图5-5，黑1开始一路征吃下去，当黑11打吃后，白12就和白▲连在一起了，这时白棋有了3口气，黑棋已经无法继续征吃下去。再看黑棋，产生了A、B、C、D四个双吃点，已经无法收拾了。因此我们在征吃对方棋子之前，一定要认真、仔细地看清楚才行。

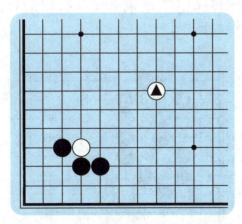

图 5-4

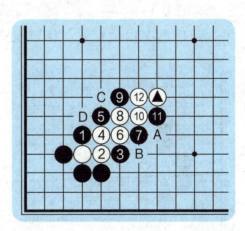

图 5-5

图5-6中，右上方有白▲一子接应，黑棋还能征吃白棋吗？

如图5-7，黑1打吃，白2长，黑3再打吃，直到黑9，白棋已无路可逃了。我们可以看到，黑棋如果向右上方征吃白子，白▲一子就会起到作用，对黑棋不利。注意，征吃有时只有一个方向，有时却有两个方向，在实战中要根据实际情况灵活选择。

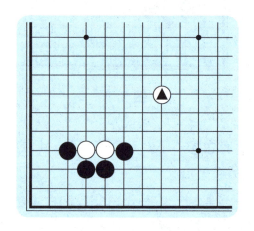

图 5-6　　　　　　　　　图 5-7

图5-8中，右边有三个白子接应，黑棋能吃掉白▲二子吗？

如图5-9，黑1、3、5、7、9连续打吃，这样就避开了右边的白子，然后再在11位征吃，就可以把白棋吃掉了。

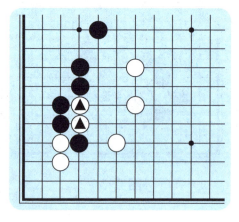 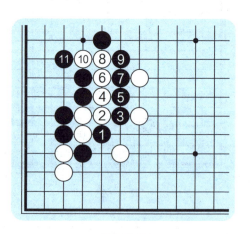

图 5-8　　　　　　　　　图 5-9

图5-10中,当白8长时,又出现了两个征吃方向,如果黑9打错了方向,当白14长出后,黑11一子反而被白棋打吃,黑棋无法继续征吃。

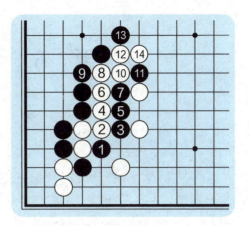

图 5-10

当我们运用征吃的方法去吃对方棋子时,要注意以下几个问题。

(1)注意对方是否有接应子,不能让对方棋子在逃跑的过程中打吃自己的棋子。

(2)当自己的棋子先被对方吃住时,不能使用征吃。如图5-11,黑▲二子已被白棋门吃,黑棋此时如果去征吃白子,白棋可以一直逃,等无路可逃时可以随时回头提掉黑▲二子,黑棋将无法收拾。

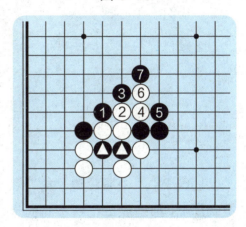

图 5-11

(3)当对方的棋子有不止2口气时不能去征吃对方的棋子。如图5-12,白棋在A位还有1口气,黑棋无法征吃。这也是初学围棋者容易犯的错误。

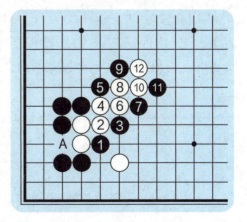

图 5-12

第6天 扑 吃

一、虎

图6-1中,黑棋下1位使三个黑子形成"品"字形,则黑1就叫作"虎",三个黑子控制的A位叫作"虎口"。我们不小心把子误下到对方虎口里,就会被对方一口吃掉。

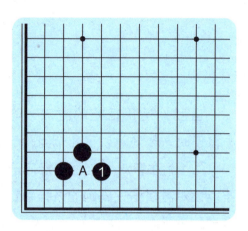

图 6-1

图6-2中,中腹、边、角处黑子控制的A位都是虎口,所不同的是边上的虎口用了两个子,而角上的虎口只用了一个子。边角上的虎口虽然用子少,但是对方如果把棋子下在A位,也是会被一口吃掉的。

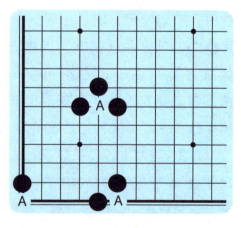

图 6-2

我们单摆一个虎口很容易辨认,但黑白棋子交错在一起形成的虎口就不容易辨认了。

二、扑

我们不小心把棋子误下到对方虎口里就会被对方吃掉,但在围棋中有一种非常重要的下法,就是有意识地在对方虎口里下一子,这种下法叫作"扑"。

图6-3中,黑1都叫作扑。

扑的运用十分广泛,吃子、攻杀、死活棋、官子等方面,都有可能用到扑。这里我们先讲扑在吃子中的作用。

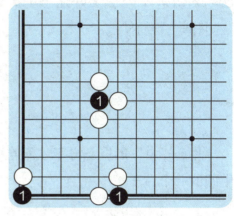

图 6-3

三、倒扑

图6-4中,黑棋下A位就可吃掉三个白子。

图6-5中,我们比较一下左右两个棋形有什么不同。我们不难看出右边的棋形中A位少一个白子。如果用一种着法迫使白棋在A位下一子,那我们就可以下B位提掉白棋三个子。

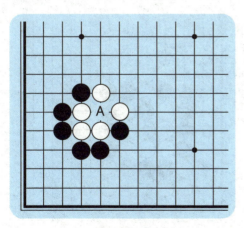

图 6-4

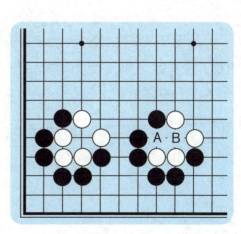

图 6-5

如图6-6，黑1扑，白2提，黑3再下1位就可以吃掉三个白子。

像这样先在对方虎口里扑一子，当对方吃掉这个子之后，我们立即回吃对方若干个子（好几个）的着法叫作吃"倒扑"。

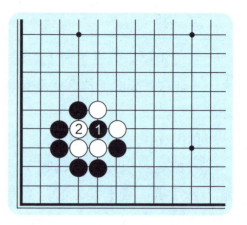

图 6-6（❸=❶）

图6-7中，黑棋怎样下才能吃掉中间的七个白子？

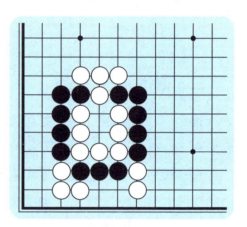

图 6-7

如图6-8，黑1倒扑，白2提，黑3提，这样就可以用倒扑吃掉白棋八个子。

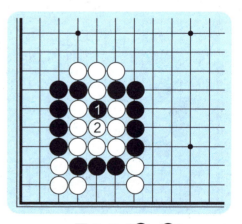

图 6-8（❸=❶）

图6-9中,黑棋能吃掉角上的三个白子吗?

如图6-10,黑1也叫扑,只不过这是后面带着一个小尾巴的扑,当白2提两个黑子时,黑3再下1位倒扑,这样就可以吃掉白棋了。

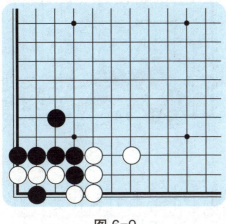

图 6-9

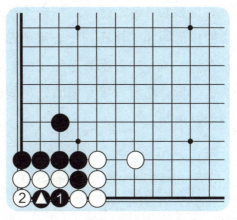

图 6-10（❸❺=❶，④=▲）

图6-11中,白棋吃着一个黑子,黑棋有办法解救吗?

如图6-12,黑棋照样可下1位扑,白棋下A位提,黑棋可再下1位,吃掉三个白子;白棋如下B位,那黑棋可下▲位吃掉八个白子,像这样两边同时都可吃倒扑的棋形叫作"双倒扑"。

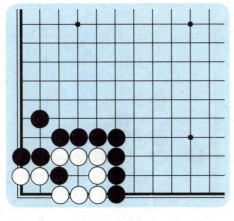

图 6-11

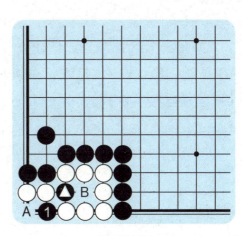

图 6-12

四、接不归

图6-13中，黑1打吃，白棋如在A位连，黑棋可在B位提；白棋如下B位，黑棋可在A位提。这种来不及连接的棋形叫作"接不归"。接不归无论在边、角、中腹都有可能发生，形状也各异，吃对方接不归时，可能需要用扑来帮忙。

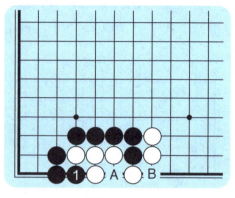

图 6-13

图6-14中，黑先，怎样能吃到白子呢？

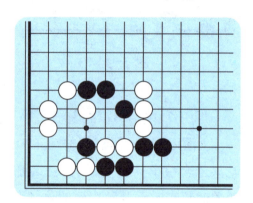

图 6-14

如图6-15，黑1打吃是对的，当白2长时，黑棋在3位打吃，白棋三个子就被吃接不归了。

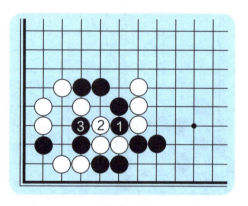

图 6-15

图6-16中,黑棋能吃掉角上的白▲二子吗?

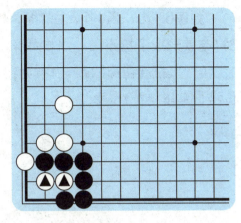

图 6-16

如图6-17,黑1扑,正确,白2提,黑3再打吃,就可吃三个白子接不归了。

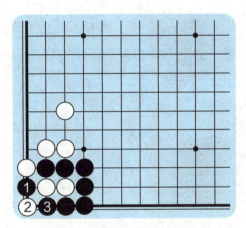

图 6-17

图6-18中,黑棋被白▲四子分成三块,十分危险,因此黑棋必须吃掉白▲四子。怎么办呢?

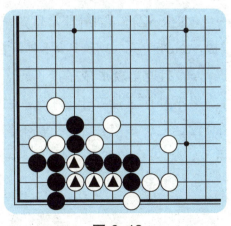

图 6-18

如图6-19，黑1扑，白2提，黑3打吃就形成了接不归。白棋如果在1位接，黑棋就在A位提；白棋如在A位接，黑棋就在1位提。

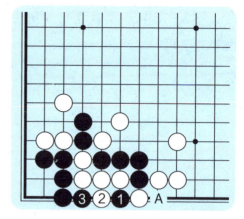

图 6-19

图6-20中，黑棋角上的子被围，必须吃掉白▲四子才能脱险。用什么办法呢？

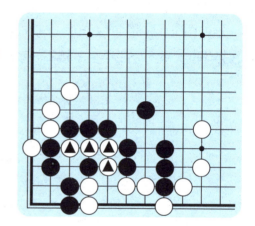

图 6-20

如图6-21，黑1扑非常重要，白2提，黑3打吃，白4连，黑5扑，白6提，黑7打吃，就形成了接不归。黑1如果不扑而直接在3位打吃，白棋在1位连上，黑棋在5位扑就不起作用了。

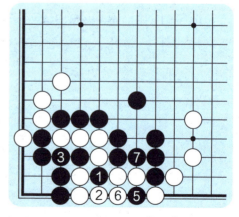

图 6-21（④=❶）

第 7 天　边角吃子

棋盘上的边和角就像一道墙，棋子到了边或角上就无路可走了。因此想吃掉对方的棋子，应尽可能向边线或角围逼对方的子，这样才有利。

图7-1中，黑先，怎样围吃下边的两个白子？

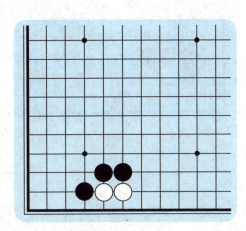

图 7-1

如图7-2，黑1拦挡，从二路线向一路线围对方的子才是正确下法，这样下就可吃掉这两个白子。

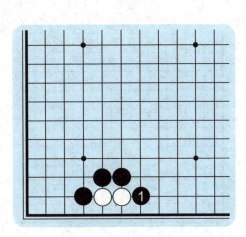

图 7-2

图7-3中,黑先,怎样围逼三路线的两个白子?

如图7-4,黑1从三路线向二路线围逼白棋是正确的下法,以下到黑7长,白棋处于困境。

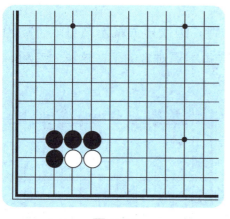

图 7-3

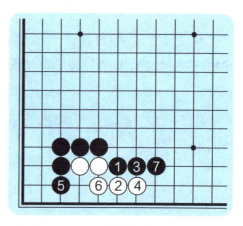

图 7-4

图7-5中,白⚫断,黑棋怎样来吃这个子?

如图7-6,黑1从二路线打吃不好,被白2长之后,黑棋被压在二路,非常难受。

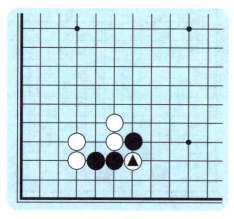

图 7-5

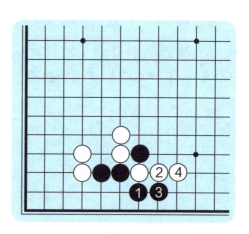

图 7-6

如图7-7，黑1打吃正确。白2想逃跑，黑3再挡住，就可以吃掉白子了。

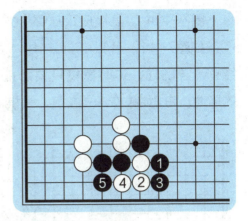

图 7-7

图7-8中，白⚫一子切断黑棋，黑棋该怎么办？

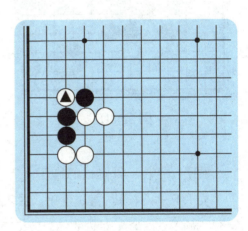

图 7-8

如图7-9，黑1向边上打吃，方向正确，白2逃跑时，黑3再从外面减少白棋的气，白棋就被吃掉了。

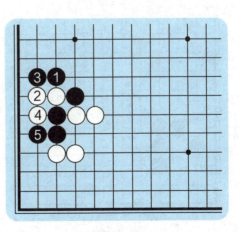

图 7-9

图7-10中，黑棋应该从哪个方向发动对白棋的攻击呢？

如图7-11，黑1从角上挡住，方向正确。因为白棋向边上逃跑的路已经有黑子防守，这时黑棋只要防止白棋进角就可以了。白2逃跑时，黑3就挡住。白2如果在A位逃跑，黑棋则在B位拦挡。

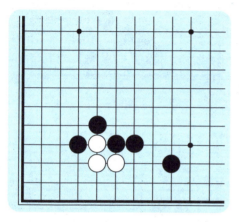

图 7-10

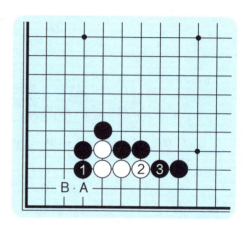

图 7-11

图7-12中，黑棋该怎样下呢？

如图7-13，黑1打，正确。白2逃时，黑3再紧气，白棋就被吃掉了。黑1、3的下法既紧了对方的气，又长了自己的气，这种下法我们一定要掌握。

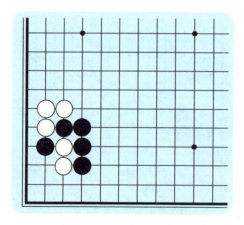

图 7-12

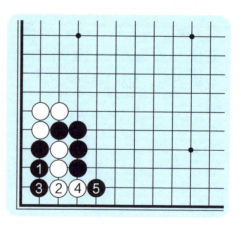

图 7-13

综合练习

第1题：如图，黑棋先下能否吃到白子？

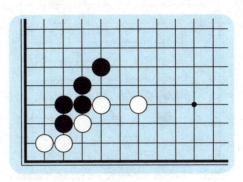

第1题

第2题：如图，黑棋能否吃到白子呢？

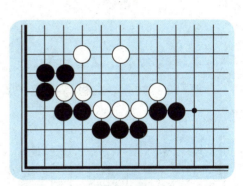

第2题

第3题：如图，黑棋能吃到白子吗？

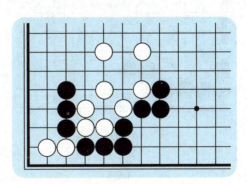

第3题

第4题：如图，黑棋应该怎样下，才能吃到白子呢？

第5题：如图，黑棋能吃掉白棋三子吗？

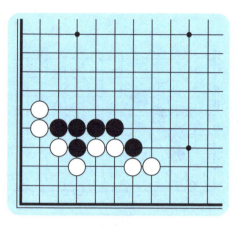

第4题

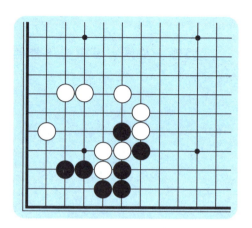

第5题

第6题：如图，黑棋怎样才能吃到白棋呢？

第7题：如图，白棋有接应子▲，黑棋能吃掉白棋二子吗？

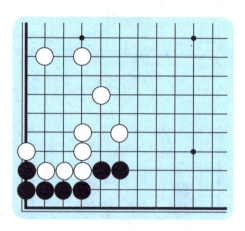

第6题

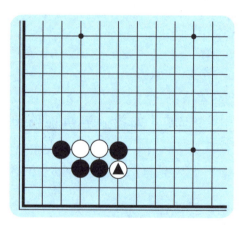

第7题

第8题：如图，黑棋怎样才能吃到白棋呢？

第9题：如图，黑白双方棋子一共做成了多少个虎口？

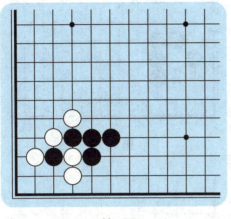

第8题　　　　　　　　　第9题

第10题：如图，黑棋怎样才能救活左边被围困的三个子呢？

第11题：如图，黑棋如果能吃掉白△四子就能救出角上的三子。想一想怎么办？注意，黑▲一子也是有用的。

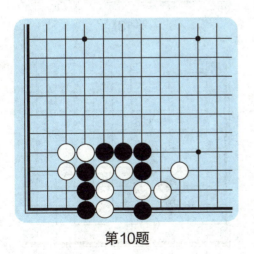

第10题

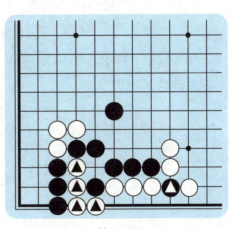

第11题

第12题：如图，白⃞子长，黑棋怎样能吃掉这两个子？

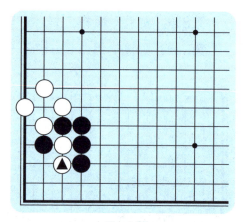

第12题

第13题：如图，黑棋如何吃掉白▲二子，把自己的三个子救出来呢？

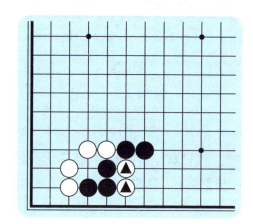

第13题

第14题：如图，黑棋怎样下子才能吃到白子呢？

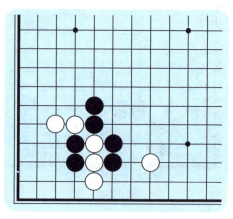

第14题

第 3 章

围棋常用着法

　　围棋的着法很多,通常是根据子与子之间的相互位置关系取的名字。本章我们来介绍一些常用的着法以及它们在实战中的作用。

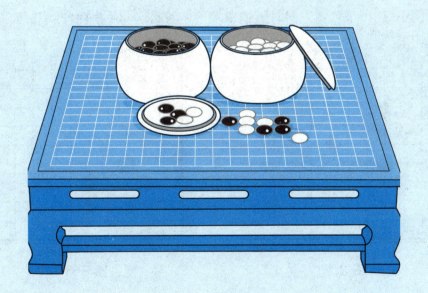

第8天 常用着法一

一、飞

图8-1中，黑1是与黑△子隔一路斜着下的一子，即在"日"字形的对角下子，围棋术语叫作"飞"，也叫"小飞"。由于本图中黑1是向上飞，又叫作"飞起"。

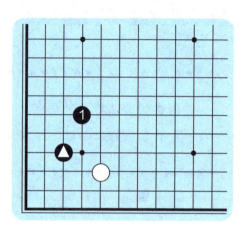

图 8-1

图8-2中，白1也是飞的形状，由于比飞多了一路，所以称为"大飞"。
图8-3中，黑1飞，同时压迫白△子，因此这一手棋叫作"飞压"。

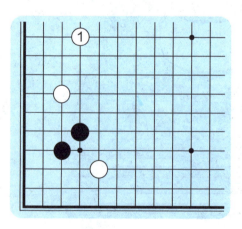

图 8-2

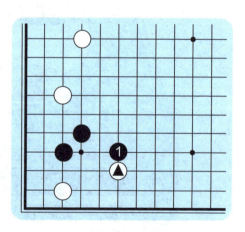

图 8-3

图8-4中,以飞的形式侵入对方角地,叫作"飞进角"。黑1就叫作飞进角。

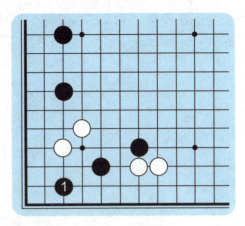

图 8-4

图8-5中,白1与白▲形成类似象棋中的田字象步,叫作"象步飞",也叫"象飞"。象飞比飞又斜一路,步子更大,但有被对方点穿破中心的弱点,此时如黑棋走A位则叫作"穿象眼"。这是务必要注意的。

图 8-5

二、跳

"跳"是指在己方棋子的同一条直线上隔开一路下一子,也称作"关"或"单关"。

图8-6中的黑1隔开一路下子就是跳。

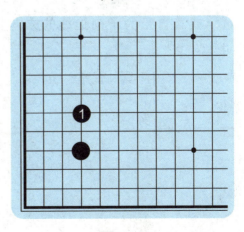

图 8-6

图8-7中，白1与白▲隔一路下子，叫作"一间跳"。

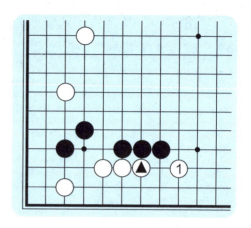

图 8-7

图8-8中，黑2叫作"二间跳""大跳"，又叫"大关"，是间隔两路的跳。

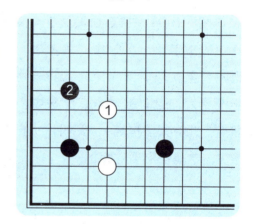

图 8-8

三、立

挨着自己的子向边线的方向长叫作"立"。

图8-9中，黑1就是"立"。

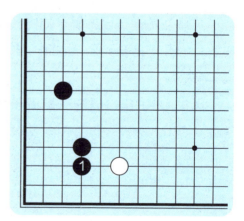

图 8-9

四、尖

在己方一子的斜向一格处下子叫作"尖",尖是很坚实的联络方法。

图8-10中,黑1就是"尖"。

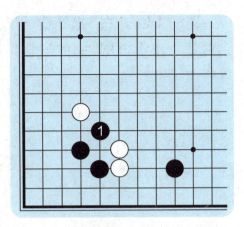

图 8-10

图8-11中,黑1叫作"尖顶",是使用尖的方法顶住对方的子,尖顶对对方的子压力很大。

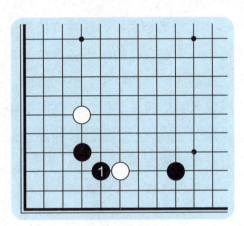

图 8-11

图8-12中,黑1尖,有攻击白▲一子的性质,叫作"尖攻"。

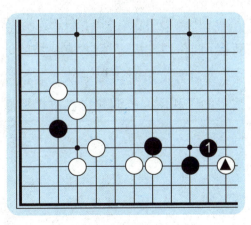

图 8-12

图8-13中,白1把黑⬤一子完全封住,由于白1是尖的形状,所以叫作"尖封"。

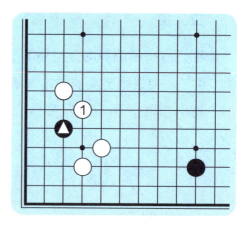

图 8-13

五、扳

已经有一个紧贴着对方的棋子,再走一手在自己的棋子斜对角交叉点上并挡住对方的棋子前进的方向,在围棋术语中叫作"扳",是围棋中最常用的手段之一。扳的目的是迫使对方行棋改变方向。

图8-14中,白1就是"扳"。

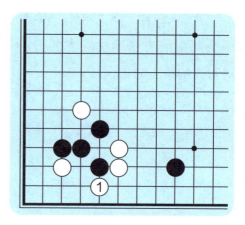

图 8-14

图8-15中,黑1扳,白2逃,黑3再扳,叫作"连扳",即本来是扳的地方,当对方反抗时再扳一次。连扳往往是为了利用弃子调整自己的棋形。

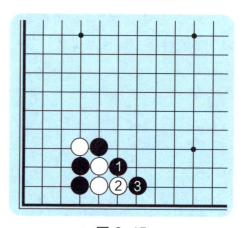

图 8-15

图8-16中,白1从黑棋的外侧扳,所以称"外扳",如白1下A位则为"内扳"。

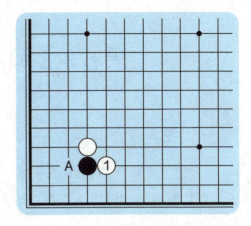

图 8-16

图8-17中,黑1从白子的上边扳,所以称"上扳"。

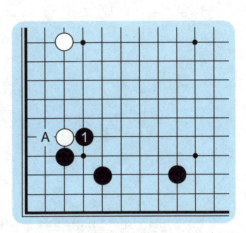

图 8-17

第 9 天　常用着法二

一、挖

"挖"是紧气时常用的手段，就是在对方单关的棋形中间放入一子，以切断对方的联络，或制造对方的断点。挖用于紧气时，也常与扑结合，连贯使用。

图9-1中，白1即为挖。

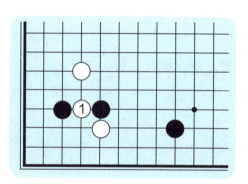

图 9-1

图9-2中，角上黑棋二子有逃出的妙手，黑棋应怎样下？

如图9-3，黑1挖，白2只有在下面打，黑3接，白4接，至黑7，全歼白棋。

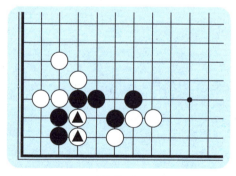

图 9-2

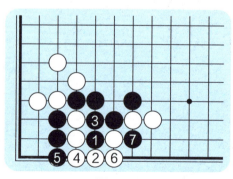

图 9-3

二、夹

"夹"是把对方的子夹在中间,限制对方子力活动范围的下法。

图9-4中,黑1即为"夹"。

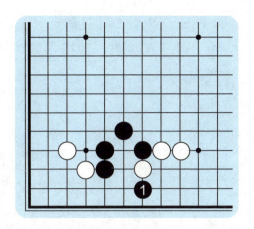

图 9-4

图9-5中,黑1叫作"夹攻",夹攻就是在棋盘的四边有己方棋子做背景的前提下下子,从两面夹攻对方,从而达到限制对方棋子发展的目的。

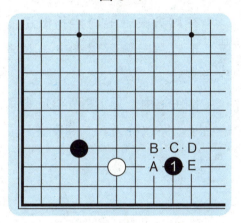

图 9-5

图9-6中,白1对黑棋一子夹击,因为间隔两路而且处于三路线低位,所以围棋术语叫作"二间低夹"。

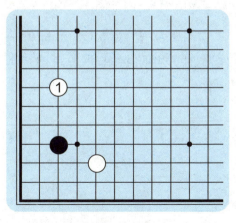

图 9-6

图9-7中，白1对黑一子在三路线上隔三路夹击，围棋术语叫作"三间低夹"。

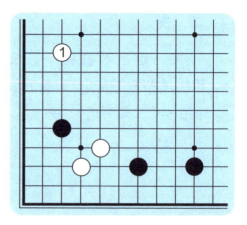

图 9-7

在对方夹击的时候不做正面回应，而在另一侧反过来夹击对方，称为"反夹"。

图9-8中，黑1隔两路反夹角上一白子，所以称为"二间反夹"。

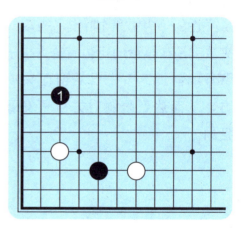

图 9-8

三、托

图9-9中，黑1从角部的内侧紧挨对方并阻拦其进入角部，叫作"托"。

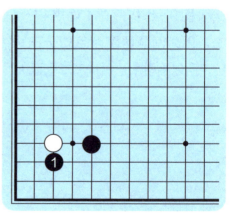

图 9-9

图9-10中,白1紧靠着对方三路线上的子,在二路线上下子也称为托。白1二路托。

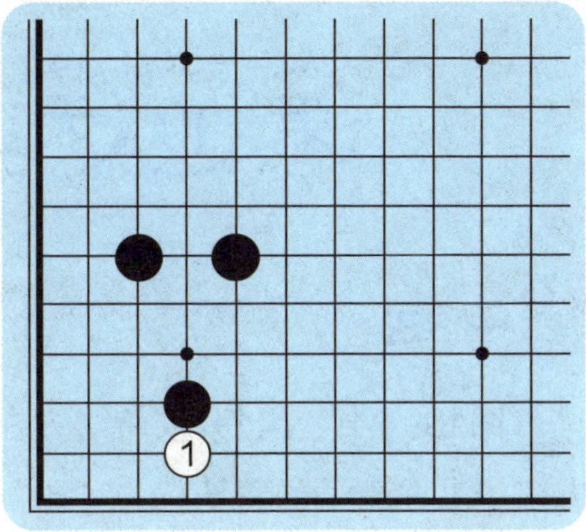

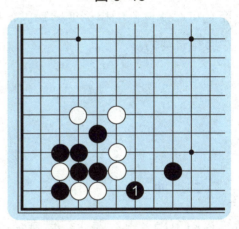

图 9-10

四、刺

当对方两个子之间有断点,己方在紧挨着断点处下子,准备将它分断,这种着法叫作"刺",其目的是迫使对方跟着应,可以起到保持先手且使对方棋形呆板的作用。

图9-11中,黑1就是"刺"。

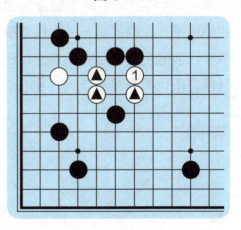

图 9-11

五、双

图9-12中,白1一子,与白⨀子形成挨在一起的两个"跳"的形状,叫作"双"。双是一种很坚实的联络手段,多用于防止对方分断,是最有效的补断方法之一。双实际上就是两个相连的单关。

图 9-12

第10天 常用着法三

一、压

图10-1中，黑1紧挨着对方在对方棋子上面着子的着法称为"压"。压不仅可以将对方的子压迫在低位，而且可以使自己的棋形变得稳固，在中腹构筑势力。

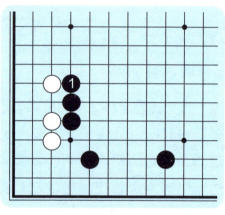

图 10-1

二、冲

图10-2中，黑1这一手叫作"冲"。顾名思义，就是想要冲出对方的包围，现在的情况是白棋包围着黑棋，但这个包围圈并不完整，还有缝隙，所以黑棋就要及时冲出去。

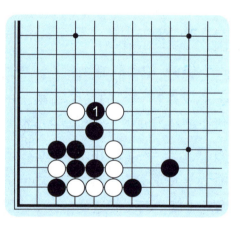

图 10-2

图10-3中，黑1、3连续的着法称为"冲断"。冲断是利用对方的弱点，先冲再断，以达到把对方隔成两块，分而击之的目的。

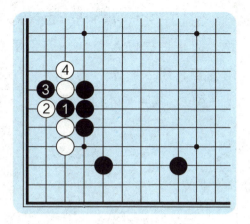

图 10-3

三、退

当受到对方压迫时，紧挨着自己的棋子，向远离对方压迫的方向下一子，称为"退"。

图10-4中，黑1托，白2扳时，黑3叫作退。托和退经常连在一起使用。

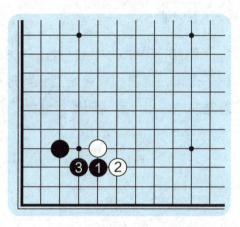

图 10-4

四、挡

图10-5中，黑1紧挨着角上白棋一子行棋，阻断其向边上发展，叫作"挡"。

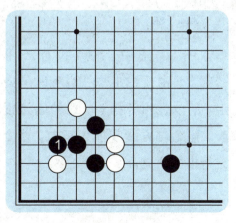

图 10-5

图10-6中，黑1挡住白棋的去路，阻止白棋侵入角地，因为是在角内挡，所以叫作"内挡"。如果下在A位，就叫"外挡"了。

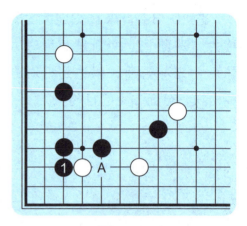

图 10-6

五、曲

图10-7中，白1这样挨着对方的棋子走棋，把己方棋子走成三角形的着法叫作"拐"，也叫作"曲"。

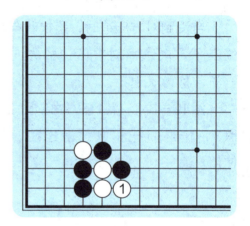

图 10-7

六、靠

图10-8中，白1的着法叫作"靠"，由于白1对白▲来说是向下走，所以也叫"搭"。靠的着法很紧凑，能给对方造成很大压力，改变对方行棋的方向。

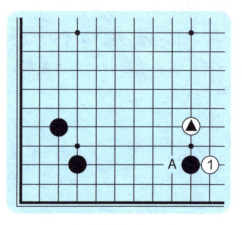

图 10-8

图10-9中，对白而言，白1是小飞的形状，又紧靠在黑子的上方，所以叫作"上靠"，这种走法也叫作"飞压"。与上靠相对应的，白1如果下在A位叫作托。

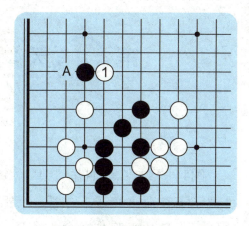

图 10-9

图10-10中，黑1在上边靠住白子，压迫白棋不能向中腹出头，称为"靠压"。

围棋着法中，搭、碰、托、压其实都可以看作某些特定棋形下的靠。

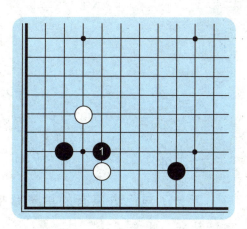

图 10-10

第11天 常用着法四

一、镇

图11-1中，黑1叫作"镇"。镇是把子下在对方棋子向中腹一间跳的位置，目的是阻挡对方向中腹发展。镇是非常严厉的攻击着法。

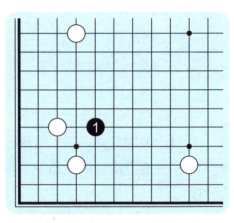

图 11-1

二、并

下一子与己方原有的单子紧挨着连起来，叫作"并"。

图11-2中，黑1和黑△连起来就是并，并的形状比较坚实。

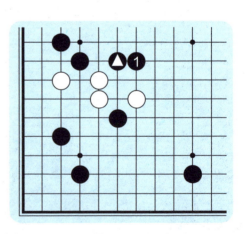

图 11-2

三、爬

图11-3中，白1这一手棋叫作"爬"，当棋子遭到对方的压迫（大多时候处于三路线以下的位置），只能一个连着一个前进，叫作"爬"。

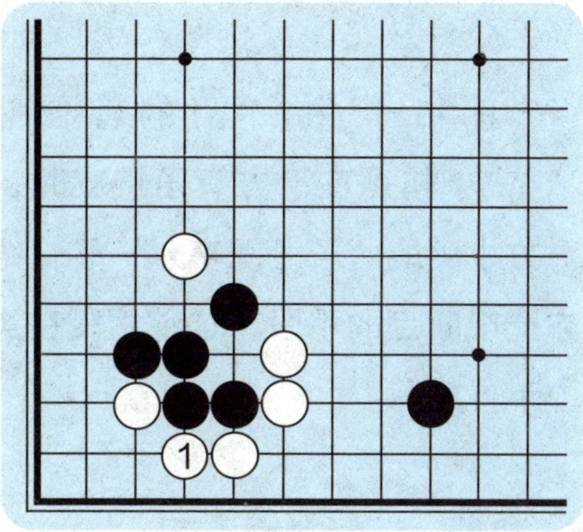

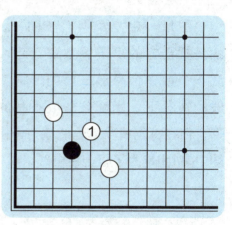

图 11-3

四、封

图11-4中，白1把黑棋封锁住，使黑棋不能向外发展，这种着法叫作"封"。封就是把对方封锁在边角等处，使之无法向外出头。封一般都通过跳或飞来实施，所以又叫"跳封""飞封"。

图 11-4

五、贴

图11-5中，黑1紧贴着对方的子行棋叫作"贴"。贴能减少对方的气，在对杀中经常使用。

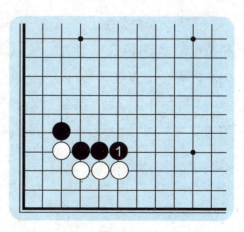

图 11-5

六、挤

图11-6中，黑1的着法叫作"挤"。挤是在己方有子接应时，在对方小尖的两子之间塞入一子，给对方造成断点的手段，这种手段在实战中十分严厉。

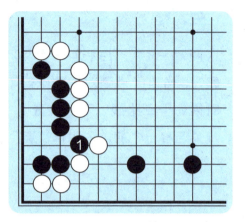

图 11-6

七、团

图11-7中，黑1叫作"团"。团就是把己方的棋子聚集在一起，形成一个或多个愚形三角的形状。一般的情况下，团都会形成不利的棋形，但在特定情况下也能成为好棋。图中黑1团是为了阻止白棋联络。

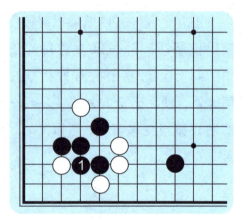

图 11-7

八、吊

在对方势力范围上方，轻投一子，待机而动，可进可退，称为"吊"，也叫"轻吊"，这是强调吊的轻灵之意。

图11-8中，白1吊轻灵，恰到好处。

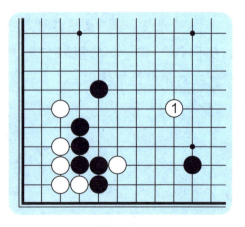

图 11-8

九、嵌

图11-9中，白1在没有己方棋子连接的情况下，下在黑成小尖的二子的连接处，这种着法叫作"嵌"。嵌的着法在实战中经常遇到，可以用来使对方出现断点、气紧或卡住对方的眼，使之成为假眼。

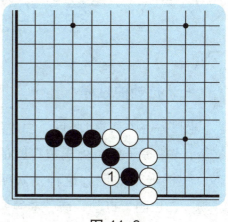

图 11-9

十、碰

"碰"如前面讲过的靠一样，也是紧挨着对方落子，但靠以己方子力为后援，而碰则是单打独斗。碰在于试探对方虚实并在时机成熟时挑起战事，获取利益。在子力配置敌强我弱的局部，碰往往是转移目标的有力着法。

图11-10中，白1就叫作碰。

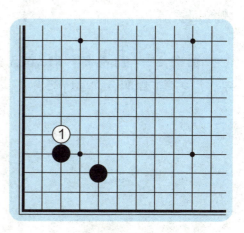

图 11-10

第 12 天　打　劫

一、打劫的过程

图12-1中，黑1扑后，白2首先提子，白2提子后也处于被打吃的状态，围棋规则规定，这种情况叫作"劫"，也叫"打劫"或"劫争"。打劫时，当一方提子后，另一方不能立即回提，必须彼此各下一手棋后才能回提。

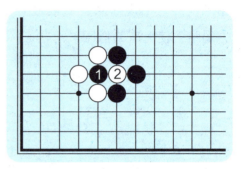

图 12-1

图12-2中，打劫时，白2首先提子，白2这手棋叫作"提劫"。

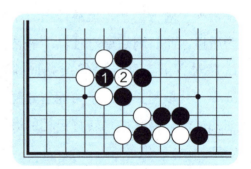

图 12-2

图12-3中，这是图12-2中白2首先提子以后的情况。按照规定，此时黑棋不能在A位立即回提白⬤一子，此时A位是黑棋的禁入点。

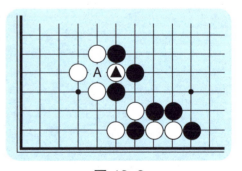

图 12-3

二、劫材

图12-4中，由于黑棋不能立即在A位提白子，所以黑棋下3位，准备下一手在B位提掉白棋两个子。对打劫而言，黑3这手棋叫作"找劫材"。

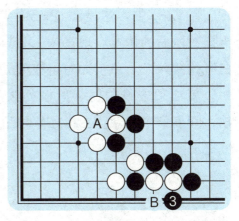

图 12-4

图12-5中，面对黑3找劫材，白棋如不愿让黑棋提两子，可以在4位提。白4这手棋叫作"应劫"。

经过黑3、白4的找劫材和应劫，双方各走了一手棋，间隔了一个回合，此时A位就不是黑棋的禁入点了。

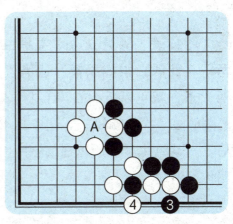

图 12-5

图12-6中，这是图12-5白4应劫以后的情况，现在黑5就可以提白子了。黑5这手棋也叫"提劫"。

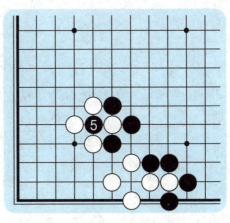

图 12-6

图12-7中，这是图12-6中黑5再提劫以后的情况。现在A位又成了白棋的禁入点。白棋如想再在A位提劫，就必须去找劫材，黑棋如果应劫，间隔一个回合，白棋才能再下A位提劫。

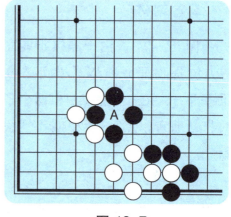

图 12-7

图12-8，黑3找劫材，要提白棋两子，此时白棋如果情愿让黑棋提两个子，就可以下4位。针对黑3找劫材，白4"不应劫"。图中白4粘后，打劫结束了，所以白4这手棋也叫作"消劫"。

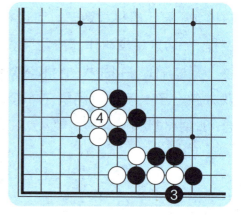

图 12-8

在打劫的过程中，一方一旦消劫，打劫的过程也就宣告结束。在打劫中，消劫的一方就是打胜了劫，对方则是打输了劫。

第 4 章

死活基本技巧

我们在学习了吃子技巧和常用着法后,还要学习死活棋的知识。熟练掌握死活棋知识,就可以设法吃掉对方更多的子,同时也可以避免自己的子被对方吃掉。要想快速提高围棋水平,多做死活题是极为有效的方法。

第13天　眼 与 死 活

一、真眼

相同颜色的棋子围住一个交叉点，这个点就叫作"眼"。

图13-1中，A位都是白棋的眼。

围棋中的眼分为两种，一种是"真眼"，一种是"假眼"。凡是无法被对方填上的眼就是真眼，凡是能被对方填上的眼就是假眼。

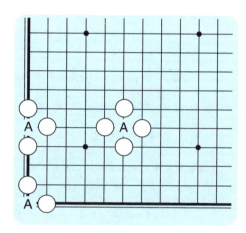

图 13-1

图13-2中，三处白棋各有一只眼（眼指真眼）。其中角上用三个子围成，下边用五个子围成，中腹用七个子围成。

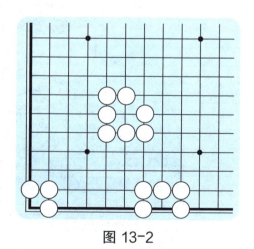

图 13-2

二、假眼

围住一个交叉点,如果不是完全连接在一起成为一个整体,那么这个被围的交叉点就是"假眼"。

在围棋对局中,有这样一个判断假眼的口诀:

真眼假眼需分析,"田"字四角关键棋。两角对方抢占去,此眼必定是假的。

图13-3中,三处黑棋各有一只假眼。白▲子破坏了黑棋的整体连接,使得围住交叉点的黑棋不能成为一个整体,所以围住的交叉点都是假眼。

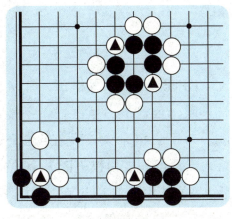

图 13-3

三、死棋与活棋

己方棋子如果被对方棋子紧紧包围住,没有气了,那就要从棋盘上拿掉。但在对方包围住的棋中,如果做出两个真眼,对方就永远也无法把它提走,这块棋就是活棋。因此凡具有两只或两只以上真眼的棋都是活棋。

1. 死棋

什么样的棋是死棋呢?如果一块棋最终无法避免被对方提掉,那么这块棋就是死棋。

图13-4中,黑棋五子被白棋包围,已无路可逃,白棋可在任意时刻收掉A位、B位2口气后,就可以把黑棋五子提吃,所以黑棋五子是死棋。

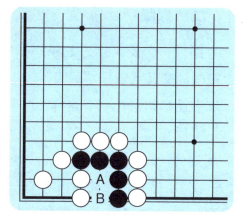

图 13-4

图13-5中,黑棋五子有A位一只眼,但已被白棋围住,不能出逃。对于白棋来说,现在A位还是禁入点,但是当白棋下B位、C位之后,A位就不是禁入点了,白棋下A位就可以把黑棋提起来,所以这块黑棋也是死棋。

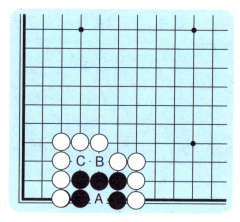

图 13-5

图13-6中,黑棋七子围住A、B两个交叉点是不是死棋呢?同样是死棋。因为A位、B位不是白棋的禁入点,白棋随时可以下A位或B位打吃黑棋并最终把黑棋提掉。

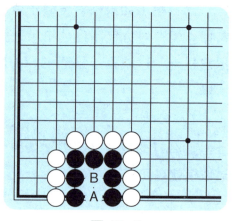

图 13-6

如图13-7，黑棋虽然看上去有两只眼，但仍然是死棋。因为黑▲一子已经被打吃，A位的眼是假眼，不是白棋的禁入点，白棋下A位可以把▲子提起来，整块黑棋被打吃，即便黑棋想在这里顽强打劫，当劫材用尽后，黑棋仍是死棋。

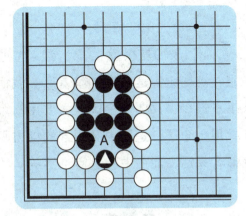

图 13-7

图13-8中，这块黑棋是死棋还是活棋呢？当然是死棋。因为白▲占领了两个关键的位置，右上方的三个黑子被打吃，黑棋有一只真眼和一只假眼，所以是死棋。

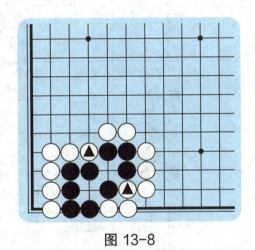

图 13-8

2. 活棋

一块棋即使被对方完全包围，但对方始终不能把它提起来，那么这块棋就是活棋。

图13-9是棋盘上角、边、中腹的基本活棋棋形。它们都有两只真眼，这些眼都是白棋的禁入点。我们通过比较可以看出，角上活棋所用的棋子最少，只要六个，边上要用八个棋子做出两只眼，而中腹做两只眼就要用十个子，边和中腹相连的地方则用九个子。也就是说，一块棋在角上最容易活，而在中腹是最难活的。

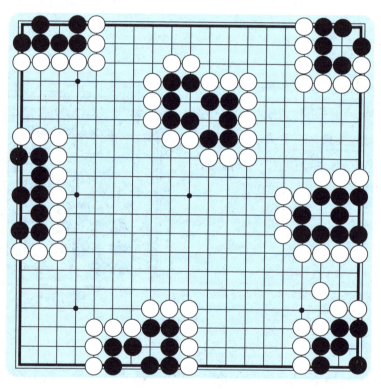

图 13-9

图13-10中，如果现在轮到黑棋走，黑棋下在A位就做成两只真眼活棋了，黑下A位这手棋就叫"做活"。相反，如果是白棋先走，白棋下在A位就把黑棋吃掉了，因为黑棋变成了一只真眼和一只假眼。

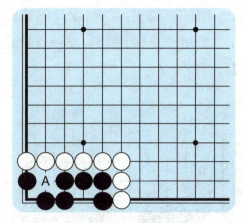

图 13-10

图13-11中，黑先，怎样做活？

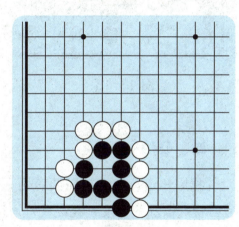

图 13-11

如图13-12，这很简单，黑棋只要下在1位，就可以做活。如果白棋先走，白下1位可以杀掉黑棋。

黑1如果下在A位，白在1位扑，黑棋的眼变成了假眼也不能活。

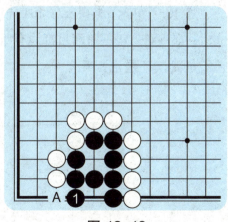

图 13-12

第4章 死活基本技巧

图13-13中,黑先,怎样吃掉白棋?

如图13-14,黑1是吃掉这块白棋的正确手段。白棋无论如何也做不出第二只眼。

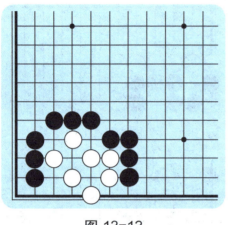

图 13-13

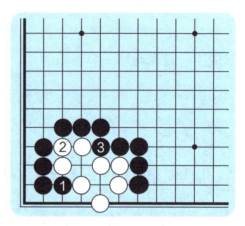

图 13-14

四、公活

我们知道,一块棋需要有两只或两只以上的真眼才是活棋。但是在有些特殊情况下,没有眼或只有一只眼也能成为活棋。

图13-15中,黑棋三子和白棋四子相互都被对方包围,而且都没有眼,它们是死棋还是活棋呢?

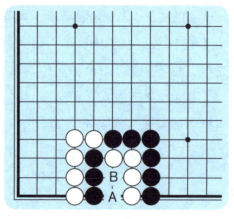

图 13-15

我们来试一下，如果轮到黑棋走，黑棋下在A位，白棋就可以下B位把黑棋提起来；同样，如果白棋先走，白棋下A位，黑棋也可以在B位把白棋提起来，也就是说无论谁先走，谁也不敢下在A位或B位，谁也无法把对方提掉，所以黑棋三子与白棋四子都是活棋。这是围棋中的一种特殊的活棋方式，叫"公活"，也叫"双活"。A位、B位是双方共有的气，叫作"公气"。

图13-16中，这也是公活的形状，双方谁也不能在里面下子，哪一方入子都将被对方提掉。

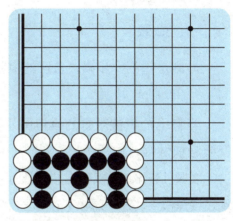

图 13-16

图13-17中，黑白双方各有一只眼，A位是双方的公气，由于黑白双方谁也不敢在A位下子，所以黑白双方成为公活。

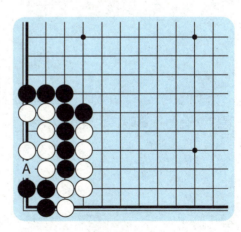

图 13-17

在下棋时，当己方被对方围住，就要千方百计做成两只真眼来活棋，退而求其次则可努力做成公活。而在围攻对方时，要尽力阻止对方做出两只真眼。

第14天 做眼与破眼

前面我们已经学习了眼的重要性，今天我们学习如何制造眼（做眼）、如何破眼。

一、做眼

做眼是指下一步棋，自己的棋就能出现眼，以便活棋或扩展优势。

1. 做眼的时机

当自己的棋被对方的棋包围了，就要赶快做眼，以便逃出。

如图14-1，黑棋被白棋包围了，现在该黑棋下，想一想该下在哪里呢？

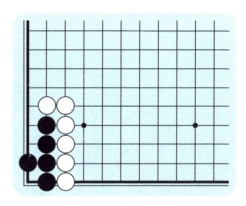

图 14-1

如图14-2，黑1做眼，正解。这样黑棋就有两只真眼，也就可以活棋了。

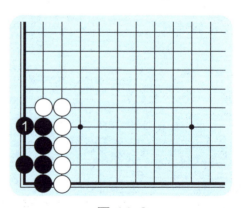

图 14-2

2. 做眼的方法

① 将不完整的眼连成真眼。

如图14-3，黑先，该下在哪里？

如图14-4，黑1连，正着，这样黑棋的眼就完整了，两眼活棋。

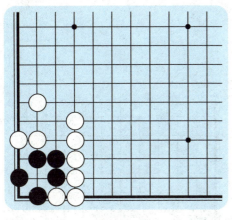

图 14-3　　　　　　　　　　图 14-4

② 一步棋做出两只眼。

如图14-5，黑先，下在哪里能活？

如图14-6，黑1做眼，正解。黑1一步棋可以做两只眼，黑棋立即成为活棋，这样的要点要赶快占。

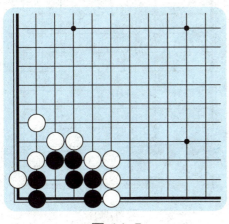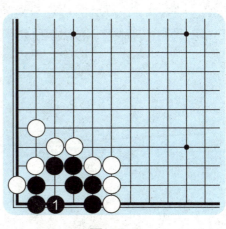

图 14-5　　　　　　　　　　图 14-6

做眼的方法有很多，在今后的学习中还要详细讲解，这里大家只要有做眼的意识，掌握简单的做眼方法就可以了。

二、破眼

破眼是指下一步棋，破坏对方棋的眼位，即不让对方做出两只眼。

1. 破眼的时机

把对方的棋包围后赶快破眼。

如图14-7，黑棋把白棋包围了，白棋现在有一只眼，想一想黑棋应该下在哪里？

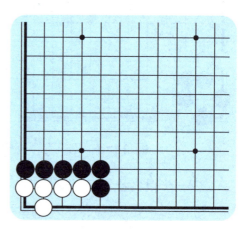

图 14-7

如图14-8，黑1扳，正解。这样白棋就只剩一只眼了，被黑棋杀死了。

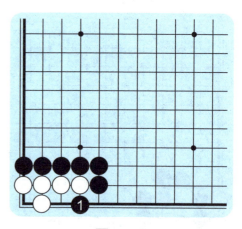

图 14-8

2. 破眼的方法

① 将对方棋的不完整的眼变成假眼。

如图14-9,黑棋已经把白棋包围了,黑棋下在哪里可以杀死白棋?

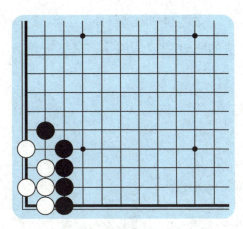

图 14-9

如图14-10,黑1挤,正解。白棋A位的眼就变成假眼了,白棋只有一只真眼,被杀死。

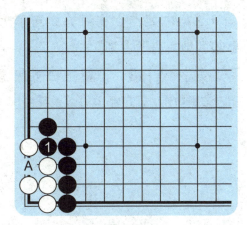

图 14-10

如图14-11,黑先,白棋似乎已经有两只眼,现在该黑棋下,能否破掉白棋的眼呢?

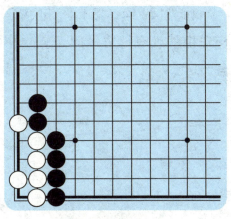

图 14-11

如图14-12，黑1扑，正解，这样白棋的眼就变成假眼了，白棋被杀死。

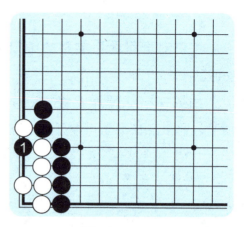

图 14-12

②抢占要点。将对方棋可能做出眼的地方先予占领。

如图14-13，黑棋把白棋包围了，该黑棋走，下在哪里可以杀死白棋？

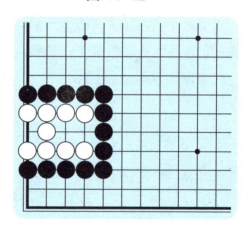

图 14-13

如图14-14，黑1冲，正解。这样白棋就没有地方做眼了，白棋只有一只眼，被杀死。

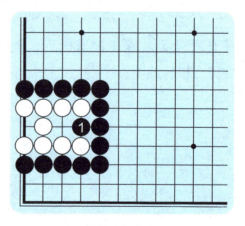

图 14-14

如图14-15，黑先，怎样走可以破掉白棋的眼？

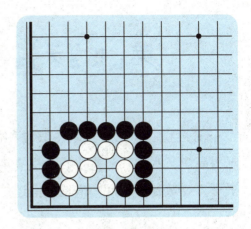

图 14-15

如图14-16，黑1点眼，正解。白2立，黑3长就与黑棋连上了，白棋被杀死；白2若下在3位，黑棋下在2位与角上的黑棋联络，白棋也被杀死。

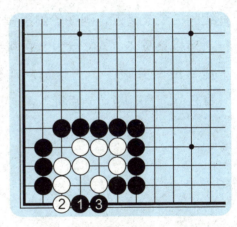

图 14-16

以上简单介绍了一些破眼的常见方法，随着围棋水平的提高，今后还要学到更多破眼的方法。通过学习，大家在实战中要有做眼和破眼的意识，灵活运用简单的做眼和破眼的方法。

第 15 天　常见死活棋形

前边我们学习了真眼、假眼和两眼活棋，这是死活的基础知识，要想提高棋艺水平，还需要不断提高辨别死活的能力，对于一些常见的死活棋形，要做到一看就知道是死棋还是活棋。

图15-1中，白棋在角上围成了直线的三个交叉点，现在轮到黑棋先行。黑棋只要下在A位点眼，白棋就不能做成两只眼了。这个形状叫作"直三"，直三是"一点死"。

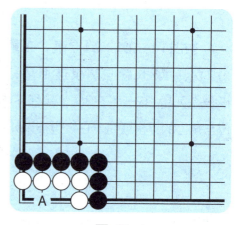

图 15-1

图15-2中，黑棋能吃掉白棋吗？

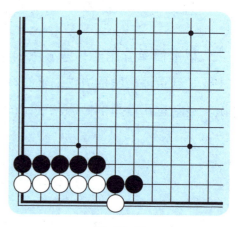

图 15-2

如图15-3，黑1先送给白棋吃一子是好棋，白2提一子是假眼，里面形成了直三，黑3点眼，白棋就死了。

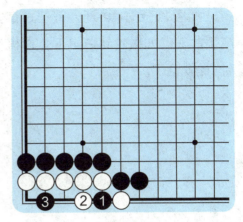

图 15-3

图15-4中，白棋围住了弯曲的三个交叉点，黑棋只要在A位点眼，白棋就死了。这个形状叫作"曲三"（或叫"弯三"），曲三也是一点死。

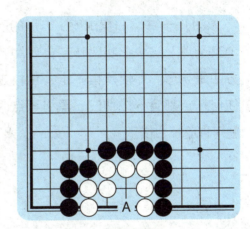

图 15-4

图15-5中，黑先，能吃掉白棋吗？

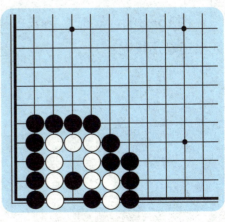

图 15-5

第4章 死活基本技巧

如图15-6，黑1连，就把白棋做成了曲三。如果轮到白棋下，白棋在1位提就活了。

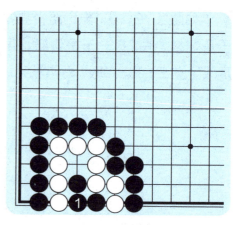

图 15-6

图15-7中，白棋围成了方形的四个交叉点，这个形状叫作"方四"，方四是死形。即使黑棋不走，白棋走任何一点都会形成曲三，黑棋再点眼就可以吃掉白棋了。

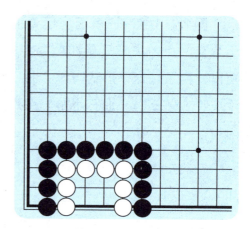

图 15-7

图15-8中，黑先，这块白棋是死棋还是活棋呢？

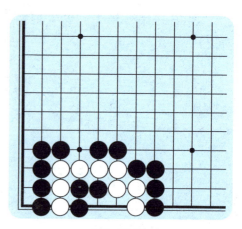

图 15-8

如图15-9，黑1在白棋里面做成方四，就把这块白棋吃掉了。

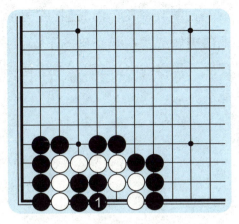

图 15-9

图15-10中，白棋围成了"丁"字形的四个交叉点，叫作"丁四"，丁四是一点死。因为只要黑棋在A位点眼，白棋就无法做活了。

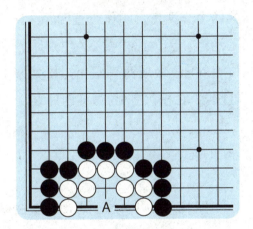

图 15-10

图15-11中，黑先，黑棋怎样吃掉白棋呢？

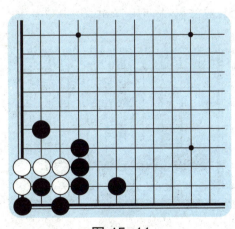

图 15-11

如图15-12,黑1连接在里面,把白棋做成丁四是正确的下法,白2提后,黑棋在1位点眼,白棋便被吃掉了。

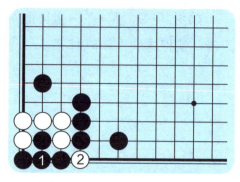

图 15-12

图15-13中,白棋围了底边直线的四个交叉点,叫作"直四",直四是活形。因为黑棋要在A位点眼,白棋可在B位做成两只眼;黑棋如果下在B位,白棋可在A位做成两只眼。

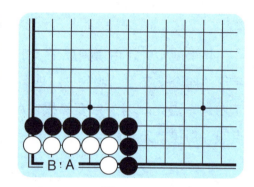

图 15-13

图15-14中,想一想,这块白棋怎样做活?

如图15-15,白1是做活这块棋的要点,白1后黑棋无论怎么下,白棋都能做成两眼活棋。

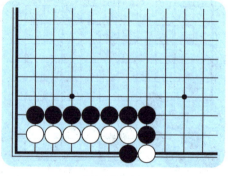

图 15-14

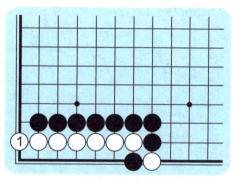

图 15-15

图15-16中，白棋围住四个弯曲的交叉点，叫作"曲四"，也叫"弯四"，曲四也是活棋，因为同直四一样，黑A则白B，黑B则白A，无论怎样白棋总能做成两只眼。

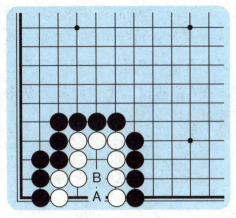

图 15-16

图15-17中，黑棋的形状叫"盘角曲四"，乍一看好像是公活，其实不是。因白棋可下A位或B位，让黑棋提吃白四子。

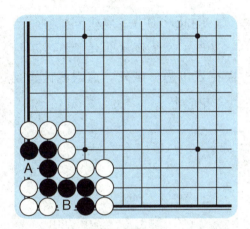

图 15-17

图15-18中，黑棋提后，白1点，黑2扑，白3提似乎形成了打劫，可实际不是打劫。因为什么时候开这个劫，也就是白棋什么时候下A位或B位的主动权在白棋一方，白棋可以等到把盘上所有的劫材都补净以后再开劫。白3提后，黑棋由于没有劫材只能束手就擒。这种情况叫"盘角曲四，劫尽棋亡"。

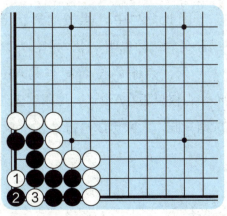

图 15-18

图15-19中，黑棋围成像刀把形状的五个交叉点叫作"刀把五"，刀把五是一点死。刀把五只要被对方在A位的位置上点眼就无法形成活棋。

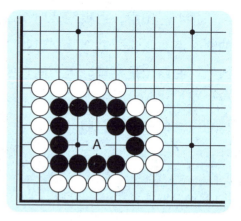

图 15-19

图15-20中，黑棋同样围住五个交叉点，这个形状叫作"梅花五"。梅花五也是一点死，点眼的位置是在A位花心上。

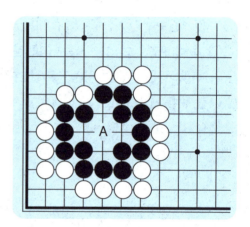

图 15-20

图15-21中，黑棋的形状俗称"葡萄六"，也叫"花六"，花六是一点死，点眼的位置同样是A位花心。白棋只要在A位点，黑棋就无法做成两只眼，大家可以自行验证一下。

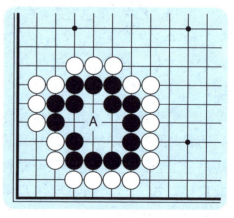

图 15-21

图15-22中，图中黑棋的形状叫作"板六"，在棋盘中央和边上的板六是活棋。

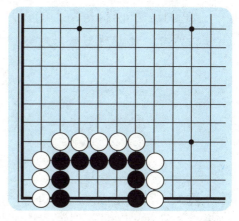

图 15-22

如图15-23，白1点，至黑4，黑已经做成两只眼。

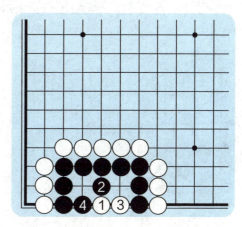

图 15-23

图15-24中，同样是板六，如果在角上情况就不一样了，白1点、3立，黑棋由于不能在A位做眼而被杀。

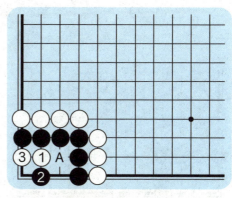

图 15-24

如图15-25同样是角上的扳六，如果有外气，情况又发生的变化。

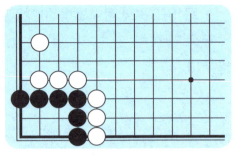

图 15-25

图15-26中，黑棋有1口外气，如果白1仍然点在二路线，则黑棋可以干净利落地做活。但事实上，这是白棋错误的下法。

如图15-27，白1点在一路线是最厉害的手段，至白5，白棋可以先手开劫。

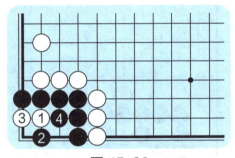

图 15-26

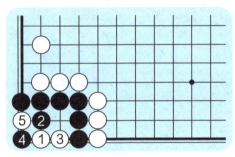

图 15-27

图15-28中，黑棋在角上有2口外气，黑棋可以净活。

如图15-29，白1点，至黑6，黑棋可以迫使白棋在角上出现禁手无法落子，吃掉空内的白棋，这种活棋的方法叫作"胀牯牛"，也叫作"胀死牛"。

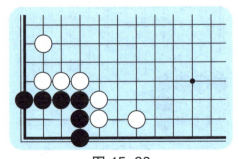

图 15-28

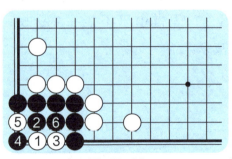

图 15-29

当一块棋的围的空足够大,就不会被杀掉了。

图15-30,黑棋的棋形与花六相似,多了1目,我们把这个桃形叫作"葡萄七"或"花七"。

如图15-31,白1进攻点在花心,至白5双方形成公活。

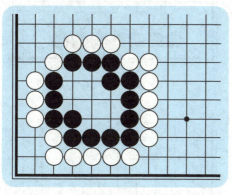

图 15-30

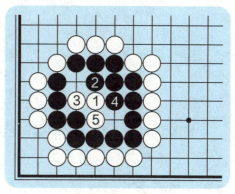

图 15-31

在棋盘中央围住7个交叉点已经是活棋了,围住8个自然更是活棋,读者可以自行确认。

图15-32,黑棋的棋形比角上板六多了2目,叫作"角上板八"。

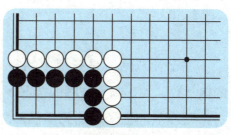

图 15-32

如图15-33,角上板八被对方进攻,将形成公活。

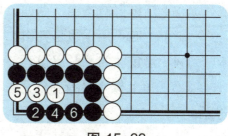

图 15-33

图15-34中,黑棋在二路线下了七个子,白棋能把黑棋吃掉吗?

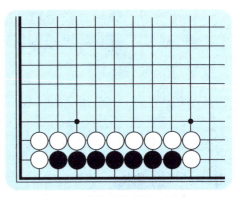

图 15-34

如图15-35,吃掉这种棋形的要领是"七子两头扳,一点就玩完"。白1、3扳后再5位点,黑棋形成直三死棋。如果黑棋二路线上有八个子,那就是活棋了,大家可以自己试一试。

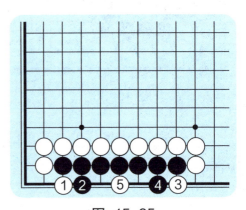

图 15-35

"七死八活"是死活中的常见棋形,七和八指的是在二路连成直线的棋子数,如在周围被围的情况下,七子是后手死,八子可以后手活。

现在我们把学过的死活棋形总结一下,并应牢记:

(1)一点死的有直三、曲三、丁四、刀五、花五、花六。

(2)活棋形有直四、曲四、板六、花七、板八。

(3)方四不用走也是死棋。

(4)盘角曲四,劫尽棋亡。

(5)角上板六没有外气是一点死,有1口外气是劫活,有2口外气是净活。

(6)二路线上"七死八活"。

第16天　做活与杀棋

死活问题可以说是围棋中最重要的课题。一块棋的死活，往往决定着一局棋的胜负。所以要想提高棋力，就必须努力提高做死活题的水平。

通常，做活的基本思路：一是直接做出两只眼，二是扩大眼位或做成死活基本形中的活形。杀棋的思路则正好相反：一是让对方做不出两只眼，二是让对方走成死形或者一点死的棋形。

一块棋能做出两只眼或者形成活形，彻底活干净了，就叫作"净活"，能够无条件杀掉对方的棋，叫作"净杀"。利用打劫来做活，叫作"劫活"，与之相反，利用打劫来杀棋则叫作"劫杀"。争取做活的一方，净活是最好的结果，如果不能净活，就要考虑劫活或公活。同理，争取杀棋的一方，如果不能净杀，也要考虑劫杀或公活，总之要让己方的利益最大化。

一、做活的技巧

1. 两眼活棋

如图16-1，黑先，黑棋先动手，在A、B、C中占到任意两个点，就可以做活。如果本图为白先，则白棋任意占两个点就可以杀掉黑棋。

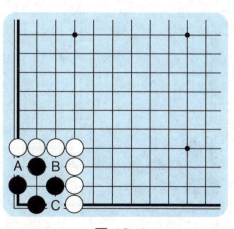

图 16-1

如图16-2，黑先，怎样下可以做活？

如图16-3，黑1尖，将对称棋形的两边分割出两只眼的空间，白2、4破眼也无济于事，黑棋已活。

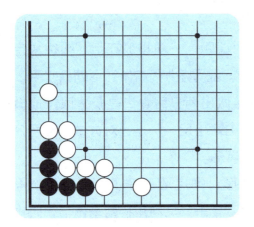

图 16-2

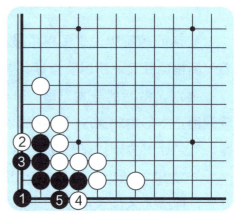

图 16-3

如图16-4，黑先，黑棋看上去一只眼都还没有做成，怎样下才能做活？

如图16-5，黑1挡，先做一只眼，白2必须连，否则黑棋在5位吃白棋接不归。黑3再做另一只眼，白4连，黑5把眼补完整，黑棋做活。注意，黑5是必须要下的一手棋，如果不下，白棋先在A位扑，逼迫黑棋提，之后再在5位挤，黑棋这只眼就成了假眼，黑棋死掉了。

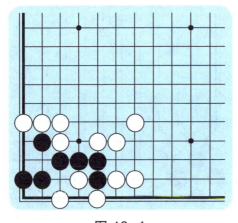

图 16-4

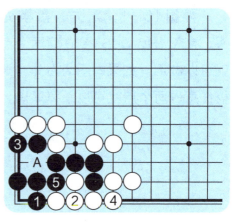

图 16-5

2. 扩大眼位

如图16-6，黑先，黑棋的空间有点小，怎样做活？

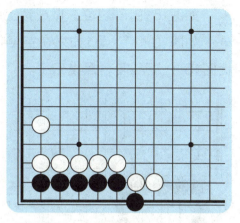

图 16-6

如图16-7，黑1立扩大眼位，白2扑，缩小黑棋的眼位，黑3提，黑棋角上形成了直四，活棋。

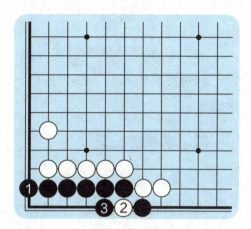

图 16-7

如图16-8，黑先，怎样做活呢？

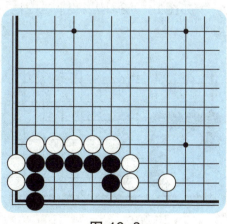

图 16-8

如图16-9，黑1立，做成边上的板六，已经活了。

如图16-10，黑1如果在空里补棋，虽然也可以形成曲四的活形，但比图16-9少了2目，黑棋亏了。

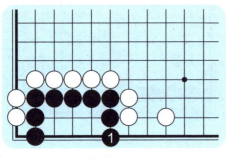

图 16-9

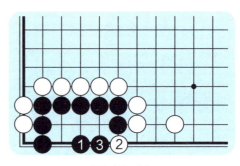

图 16-10

我们在做死活题的时候，除了死活本身，还应该考虑怎样下才能让自己获得更多的利益。因为判断一盘棋最终胜利的标准是看哪一方占据的地盘多。

二、杀棋的技巧

1. 点杀

通过点在对方空里，破坏对方眼位的杀棋技巧，叫作"点杀"。

如图16-11，黑先，怎样才能杀掉白棋？

如图16-12，黑1点，白2挡，黑3长，白棋做不出两只眼，被黑棋杀掉了。

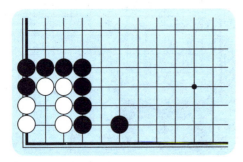

图 16-11

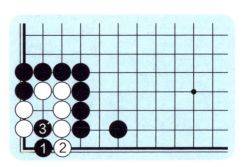

图 16-12

如图16-13，黑先，白棋的空间看上去不小，黑棋还能杀掉白棋吗？

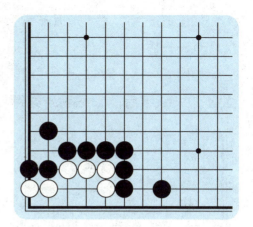

图 16-13

如图16-14，黑1点，白2挡，黑3断，白棋两边不入气被杀。这种棋形叫作"老鼠偷油"。当然，图中的黑棋还有其他的杀棋方式，大家可以自己动手试一试。

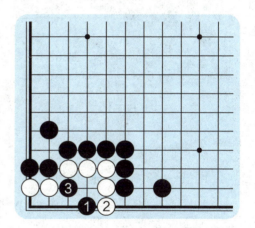

图 16-14

图16-15中，A位显然是吃掉这块白棋的要点，但若直接点在A位是不行的，应该怎么办？

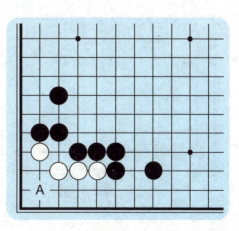

图 16-15

如图16-16，黑1先扳非常重要，待白2挡后再3位点，至黑9，白棋只有一只眼。

如图16-17，黑1先点，白2团住，黑3再扳时，白于4位扳，黑只能5位立，白6跳下后，A、B两点必得其一，黑棋这样下不成立。

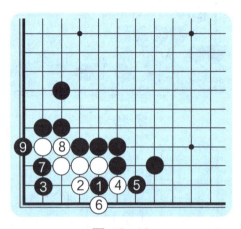

图 16-16

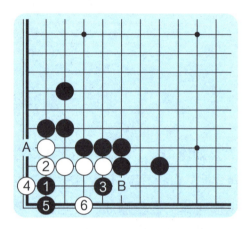

图 16-17

2. 缩小眼位

图16-18中，黑先，能吃掉白棋吗？

如图16-19，黑1扳，先缩小眼位，白2挡后黑3断，至黑5白棋两边不入气被吃。

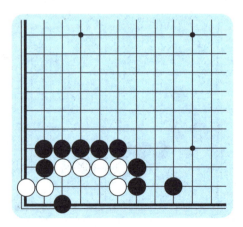

图 16-18

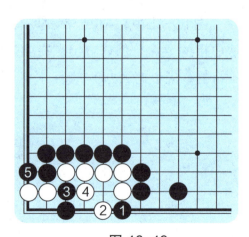

图 16-19

图16-20中，角上白棋看上去生存空间很大，黑棋能吃掉白棋吗？

如图16-21，黑1、3从两边缩小白棋眼位后，黑5再点，白棋无论如何也做不出两只眼，结果全部被吃。

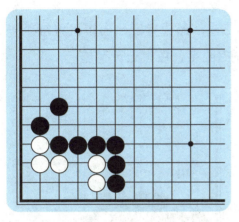

图 16-20

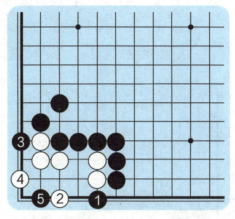

图 16-21

图16-22中，这是一道有名的死活题，因棋形像猪嘴，俗称"大猪嘴"，是基本死活棋形之一。这个形状杀棋的要点在哪儿呢？

如图16-23，杀大猪嘴的要领是"扳、点、立"。黑1扳、3点、5立至黑9，白棋全部被吃。

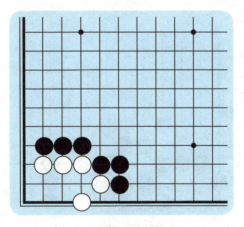

图 16-22

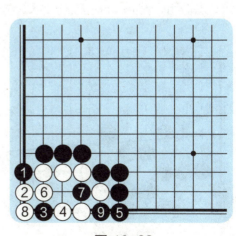

图 16-23

3. 聚杀

"聚杀"是指将己方在对方空内的棋子连接在一起，强迫对方吃掉并形成死形的杀棋方法。

如图16-24，黑先，能杀掉白棋吗？

如图16-25，黑1打吃，白2连，黑3连，形成直三，白棋已经被杀掉了。白棋如想继续抵抗，在A位提，黑在3位点，白棋无计可施。

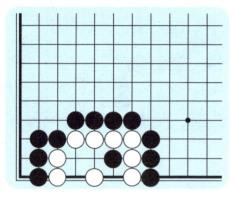
图 16-24

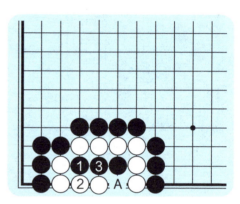
图 16-25

如图16-26，黑先，能杀掉白棋吗？

如图16-27，黑1扳，白2紧气，黑3此时可以脱先，在白4打吃的时候，黑5团，形成刀把五的形状，白棋被杀。

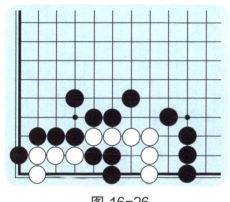
图 16-26

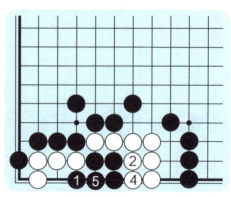
图 16-27（❸脱先）

第 17 天　死活训练

如图17-1，黑先，黑棋只有一只眼，怎样才能做活呢？

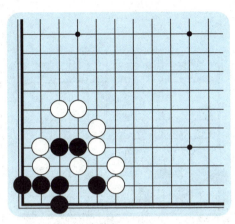

图 17-1

如图17-2，黑1连，白2补棋，否则黑可在A位吃白二子，黑3吃白棋一子可以做活。

如图17-3，如果黑棋胆小，在1位直接做眼，白2不会在3位破眼，而会很愉快地吃掉黑棋二子。黑棋明显比图17-2亏了。

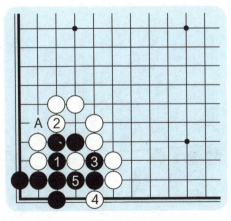

图 17-2

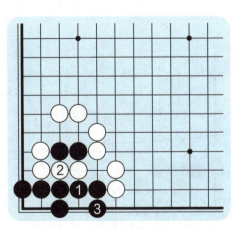

图 17-3

如图17-4，黑先，黑棋角上做眼的空间看上去很大，但棋形很薄，怎样下才能净活呢？

如图17-5，黑1做眼是好棋，白2破眼，黑3连，两眼活棋。黑3如下在A位，白B打吃，黑棋只能劫活。黑3如下B位，白可在A位双吃黑棋，黑棋不行。

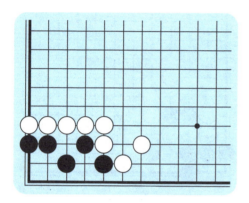

图 17-4

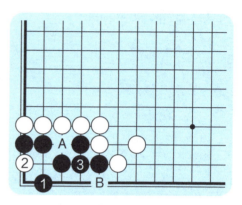

图 17-5

如图17-6，黑1如果在右侧做眼，白2点在左侧刀把五形状的要点上，再白4、6破眼，黑棋不活。

如图17-7，黑1扩大眼位想法虽好，但自身棋形太薄弱，被白2、4打吃后，白6提，黑棋不活。

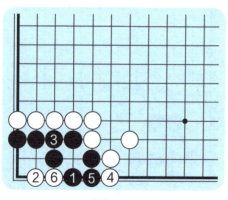

图 17-6

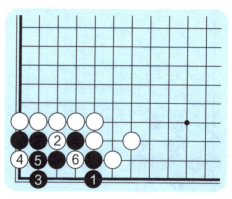

图 17-7

如图17-8，黑先，黑棋虽然看上去空间比较大，但有缺陷，怎样做活比较好？

如图17-9，黑1立，扩大眼位即可活棋。如果黑1贪心下在A位，白可在B位打吃后，再在1位扑成直三，黑棋不活。如果黑1直接在B位做眼，白在1位扳，黑棋的空没有正解大，不好。

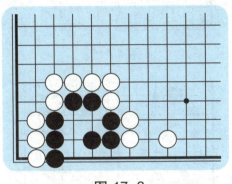

图 17-8

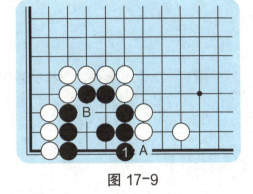

图 17-9

图17-10中，黑先，白棋有漏洞，黑棋第一手棋必须击中要害，应该怎么办？

如图17-11，黑1是好棋，利用白棋的缺陷，最大限度扩大眼位。白2内扳不行，至黑11，黑棋做活。

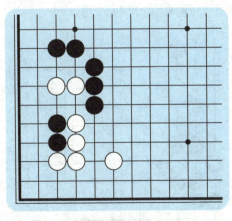

图 17-10

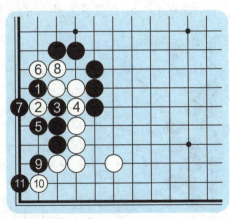

图 17-11

如图17-12，黑1托时，白2若从另一边扳，黑3可以断白棋，白棋被吃，损失更大。

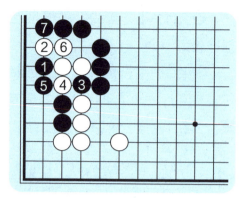

图 17-12

图17-13中，黑先，黑棋的眼位明显不足，怎么办？

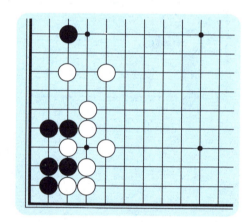

图 17-13

如图17-14，黑1跳，黑3连，白4扳，至白8，黑棋失败。

如图17-15，黑3才是一子多用的妙手！至黑5，黑棋做活。

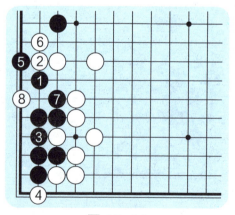

图 17-14

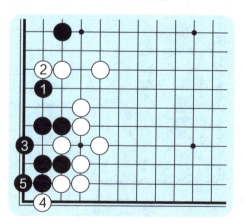

图 17-15

如图17-16，黑先，白棋有一只铁眼，黑棋怎样下才能杀掉白棋？

如图17-17，黑1挖，缩小白棋的眼位，白2打吃，黑3反打，至黑5，白棋上方都是假眼，被杀。黑1也可以先在5位扑破眼，白棋同样做不出两只眼，大家可以自己动手试一试。

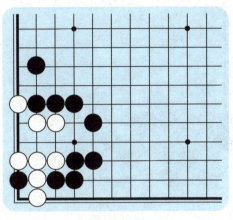

图 17-16

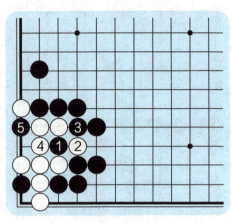

图 17-17

如图17-18，黑先，白棋的空被隔出左右两个空间，黑棋怎样下才能破眼？

如图17-19，黑1、3打吃，先手缩小了黑棋角上的空间，再黑5扳破眼，白棋被杀。

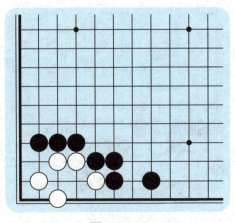

图 17-18

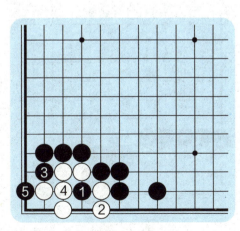

图 17-19

如图17-20，黑先，黑棋怎样下才能杀掉白棋？

如图17-21，白棋角上的空间较大，黑1、3先手点，再黑5扳，丁四的棋形已经显现，以后黑团在A位，再团B位，形成刀五，白棋被杀。

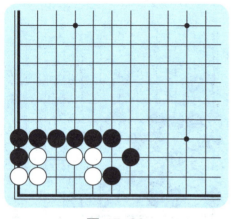

图 17-20

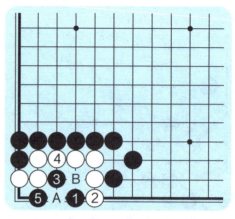

图 17-21

图17-22中，黑先，黑棋怎样吃掉白棋？只吃白棋两子可不行。

如图17-23，黑1点，击中白棋要害，白2企图弃掉右面两子做活，黑棋当然不肯，再于3位点，以下至黑7，白棋被双吃。

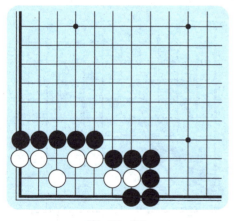

图 17-22

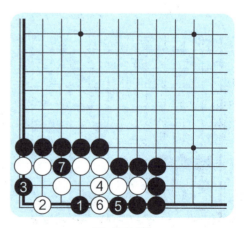

图 17-23

如图17-24，黑先，白棋角上空间很大，黑棋有办法杀掉白棋吗？

如图17-25，黑1点，白2试图划分眼位，同时防止黑棋在A为吃子，黑3缩小眼位，白4挡，黑5扳，由于白棋气紧，没办法再B位做眼，白棋被杀。

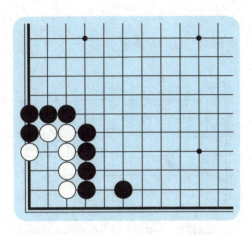

图 17-24

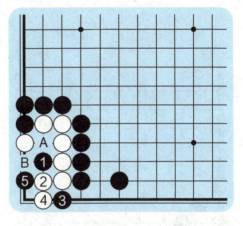

图 17-25

综合练习

第1题至第4题,以下各图中,黑棋是活棋、劫活还是死棋?

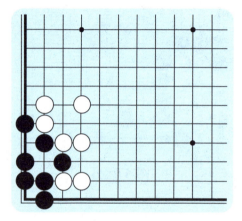

第1题

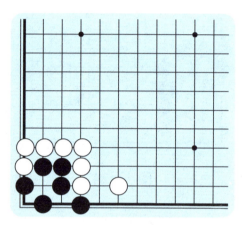

第2题

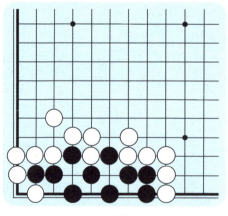

第3题

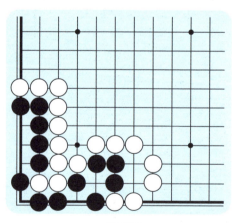

第4题

第5题至第8题，黑先，怎样下才能做活？

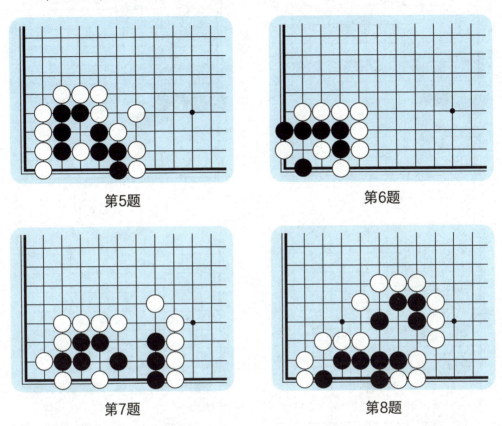

第5题　　　　　　　　第6题

第7题　　　　　　　　第8题

第9题至第16题，黑先，怎样下才能杀掉白棋？

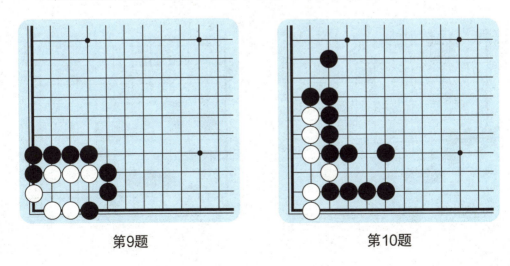

第9题　　　　　　　　第10题

第4章　死活基本技巧

第11题

第12题

第13题

第14题

第15题

第16题

第 5 章

布局基本技巧

"布局"是一盘棋的基础,这个阶段最能发挥棋手的想象力。但是,刚入门的爱好者往往会低估布局的重要性。清代有一名大国手曾在其总结的棋诀中指出:"决胜负之源于布局。"意思是布局是决定胜负的关键。一名优秀的棋手要有深厚的功力、敏锐的感觉、丰富的想象和准确的判断以及对全盘的整体把握能力,才能更好地完成布局。

第 18 天　布局的行棋顺序

下棋时，活棋占住的交叉点，以及活棋围住的空交叉点，都是这一方占的地。围到的空交叉点简称"空"，围地也叫"围空"，这是下围棋的本质。

围棋是以围地的多少来决定胜负的，一切战略战术都是围绕着怎样多围地这个中心来进行的。

空的数量单位是"目"，围住1个交叉点就是1目空。

一、角、边、中腹

图18-1中，黑棋在角部围地，两条边线成了自己的天然屏障，围住12目空用了8个子。根据前面的知识可以知道，在这12目空的点上，白棋即使去下子，也不可能做出两只眼，也是死棋，所以这12目空都是黑棋的。

图18-2中，黑棋以同样的方式在边上围地，有一条边线作屏障，围住12目空用了12个子。

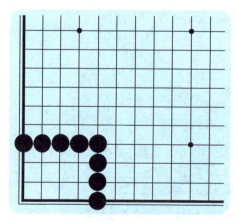

图 18-1

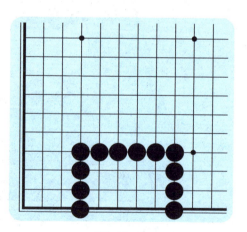

图 18-2

图18-3中，黑棋以同样的方式在中间围地，没有边线可以作自己的屏障，围住12目空用了18个子。

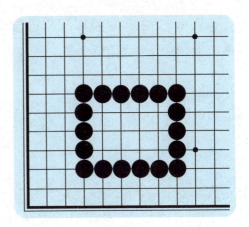

图 18-3

比较这三个图的情况，我们可以看出，在棋盘的不同部位围地，以同样的方式，围同样多的空，所使用的棋子数多少不同，在角上最少，在中间最多。换句话说，用同样多棋子围地，如果不考虑方法的差别，则在角上围得最多，边上第二，中间最少。由此可以得出这样的结论：下围棋，在角上围地最容易，边上次之，中腹最困难。因此有棋谚：金角银边草肚皮。

做眼活棋也是同样的道理，在角上做眼活棋最容易，边上次之，中腹最困难。

图18-4中，黑棋在角上做眼活棋用了6个子。

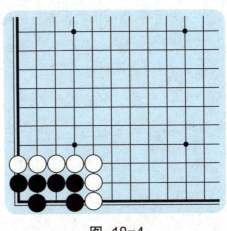

图 18-4

图18-5中,黑棋以同样的方式在边上做眼活棋要用8个子。

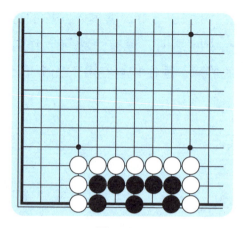

图 18-5

图18-6中,黑棋以同样的方式在中间做眼活棋要用10个子。

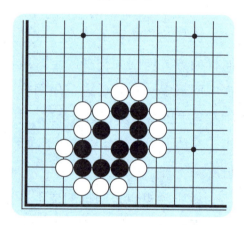

图 18-6

二、线路

下棋中的每一手棋,其目的都是为了多围地。围地的多少与所占线路有关。

图18-7中,黑棋在一路线上的一排棋子,很明显,它们不能围地。

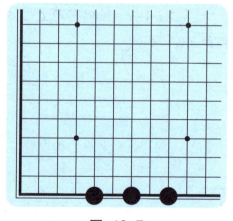

图 18-7

图18-8中，黑棋沿二路线围地，由于白棋已不可能在一路线下子活棋，所以×点是黑棋围的空。黑棋对×点的控制力极强，但围地的规模很小。

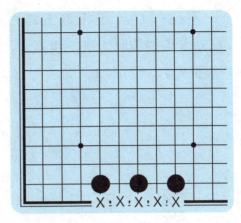

图 18-8

图18-9中，黑棋沿三路线围地，对×点的控制力不如图18-8，但围地的规模大。

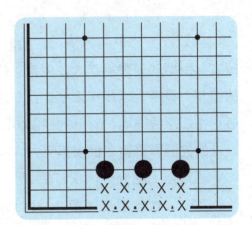

图 18-9

图18-10中，黑棋沿四路线围地，对×点的控制力不如图18-9，但围地的规模更大。

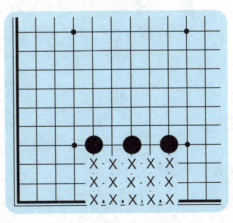

图 18-10

图18-11中,黑棋沿五路线围地,对×点的控制力进一步减弱,但规模更大。

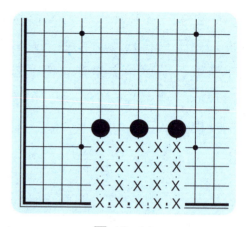

图 18-11

比较以上几个图的情况,我们可以看出,围地时,棋子的线路位置越高,围地的规模就越大,但对点的控制力就越弱。在二路线围地,对点的控制力极强,但规模太小;在三路线围地,对点的控制力较强,规模一般;在四路线围地,对点的控制力较弱,规模较大;在五路线以上围地,对点的控制力更弱,但规模更大。

通过以上的分析,我们总结出围棋围地的两条重要原则。

第一,围地要先围角,后围边,然后向中腹发展。下棋时,应先在角部下子,后在边上下子,在这个基础上再向中腹发展,争取围更多的地。

第二,围地时,棋子的位置要高低配合,既保持一定的规模,又保证对点的实际控制,要做到又多又好地围地。

第 19 天　占角与占边

一、占角

围棋是以围地的多少来决定胜负的，而在角上围地又最容易，所以一局棋开始，双方总是首先在角部下子，这反映了围棋围地的基本规律。

开局时，在角部下子主要有占空角、守角和挂角几种下法。一般认为，占空角围地的效率最高，守角和挂角效率相当，但不如占空角。

图19-1中，黑1首先在角部下子，占据小目，这就是占空角。此外，占星位、目外、高目、三三都是占空角。

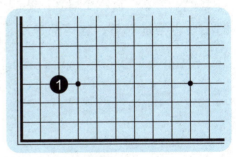

图 19-1

图19-2，在围棋高手的对局中，黑1、黑A或黑B的下法也偶有所见，这只能说是一种兴致，不是正常的占空角，我们不宜模仿。

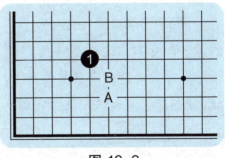

图 19-2

占据空角后，进一步巩固自己角部阵地的下法叫"守角"，守角也称为"缔角"。

第 5 章　布局基本技巧

图19-3中,黑1占据小目,以后黑3飞,黑3这手棋就是守角。

由于黑3是小飞,是在目外的点上,所以黑3这手棋也叫"小飞守角"。小目小飞守角的棋形对角的控制力很强,不容易被对方侵入,所以也叫"无忧角"。

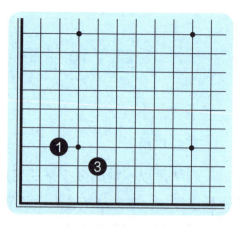

图 19-3

图19-4中,黑1占空角后,黑棋再占A位不是守角,下在B、C、D位的小飞也不是守角,这些都是不正确的下法。

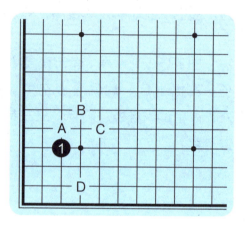

图 19-4

图19-5中,黑1占空角小目,之后黑3单关跳,这也是守角。黑3的棋形是单关,是在高目的位置上。因此,黑3这手棋也叫"单关守角"。

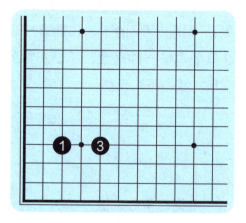

图 19-5

图19-6中，黑1占空角目外，之后黑3守角成无忧角。黑3也可以在A位守角。黑3、黑A都是小飞，黑3在小目，黑A在高目。但在A位守角的情况较少见。

由于A位置较高，所以对角上点的控制明显不如占据3位的无忧角。

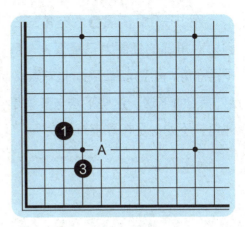

图 19-6

图19-7中，黑1占空角高目，之后黑3守角还原成小目单关守角。黑3也有在A位三三守角的情况。

占空角高目，主要是守成小目单关守角，在A位三三守角的情况较少见。

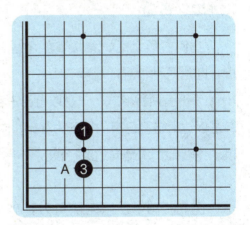

图 19-7

图19-8中，黑▲占空角星，一般不守角，如果要守角，可在1位小飞守角、A位大飞守角或B位单关守角，另外，还有其他点可以守角。

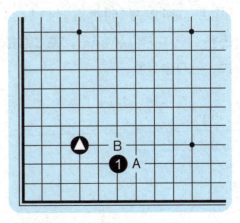

图 19-8

图19-9中，黑▲占空角三三，因为对角部的控制力已经很强，所以不再守角。占空角三三后，也有黑1、黑A、黑B的下法。这些下法与其说是在守角，不如说是在寻求新的发展。

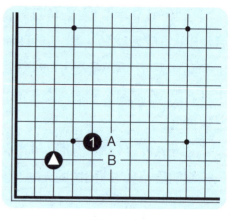

图 19-9

二、占边

我们占角之后，紧接着要考虑的就是占边了。在边上下子，主要有开拆、打入两种情况。

开拆有两种形式，一是以自己占空角或守角的棋子为基础，向边上开拆，二是以边上自己已有的棋子为基础，向左右开拆。开拆的要领一是要有己方的棋子作基础，二是向边上行棋。

图19-10中，以无忧角为基础，白1向右边开拆。白1与白▲子相隔5个点，所以白1叫拆五。白1在A位是拆四，在B位是拆三，在C位是拆二，在D位是拆一。

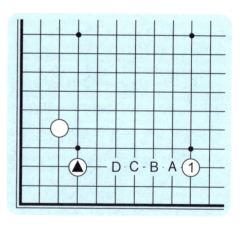

图 19-10

图19-11中，白1也是拆五。开拆只能在三路线或者四路线，三路线的拆叫"低拆"，四路线的拆叫"高拆"。本图白1是高拆，图19-10中的白1是低拆。

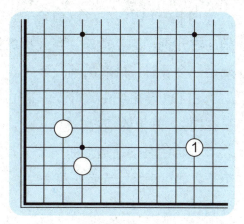

图 19-11

图19-12中，在已经有了黑▲子的情况下，白1的下法就不是开拆，此时白1最多只能在A位或B位拆四。下在C位，好像在黑棋的肩膀上落子，叫作"肩冲"。

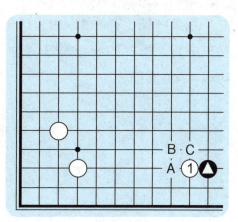

图 19-12

图19-13中，在有黑▲子的情况下，白棋很少在A位开拆，通常是在B位或C位开拆。

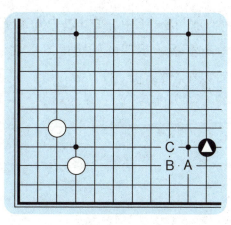

图 19-13

图19-14中，白1以白♠子为基础向右开拆，这是拆二。当开拆的基础是一个子时，拆二的间距最好。

白1也可在A位高拆二。若白♠子在B位，开拆的情况一样。

开拆的基础是边上的一个子，这个子只能在三路线或者四路线上。

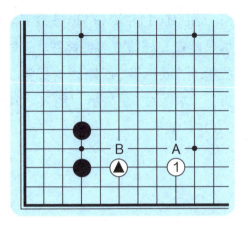

图 19-14

图19-15中，白1以白♠二子为基础开拆，拆三的间距最好。白1也可以在A位高拆。

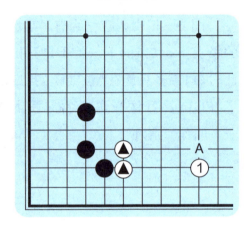

图 19-15

图19-16中，白1以白♠三子为基础开拆，拆四的间距最好。白1也可以在A位高拆。

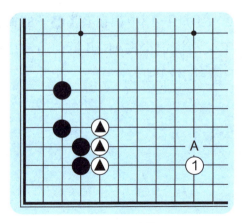

图 19-16

我们知道,单个的棋子是围不了空的,而用长的方式来围地又太慢,要又快又多地围地,只能通过开拆。开拆时,要注意开拆的间距和线路。在实际下棋中,开拆间距的大小和线路的高低,要根据开拆的条件来决定。把开拆围地比作建楼房,间距就是楼高,地基和楼高要相互匹配。

关于开拆,有"一子拆二,立二拆三,立三拆四,拆要五间"的口诀,我们可通过这个口诀来帮助自己理解围棋的开拆。理解开拆是学习围棋的一个难点。

图19-17中,白▲子在几个黑子的中间,显得势单力薄,此时白1以其为基础拆二。很明显,通过白1拆二控制的点是两个白子的眼位。在围棋中,对那些控制着眼位因而能够保证做活的棋,常常说它们有了"根据",就是有了根据地的意思。一般认为,边上一个子拆二获得的眼位,能保证形成根据地。没有根据地的棋也叫"浮棋",很容易受到攻击,甚至被吃掉。

图19-17中,白1在A位拆,则棋形太薄,容易被周围强大的黑棋欺负。

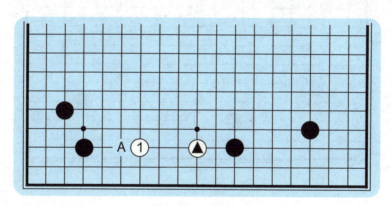

图 19-17

图19-18中,白▲子下边,显得势单力薄,但白1拆五硬要建高楼,这样做十分危险。黑2将两个白子分开,此时白棋不要说围地,就连眼位也没有,白棋建的高楼就要倒塌了。黑2下在对方开拆的棋子中间,叫作"打入"。打入是一种攻击性很强的战术。

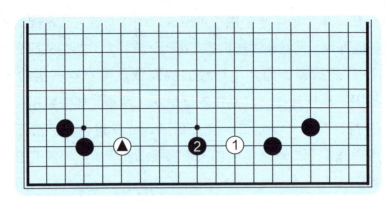

图 19-18

合理的开拆可以防止对方打入，即使对方打入，自己也有对付的方法。不合理的开拆容易被对方打入，一旦被打入，自己就会陷入被动。

图19-19中，白1以无忧角为基础拆五。无忧角之所以无忧，就是因为棋形稳固，所以白1最大限度地开拆是合理的。

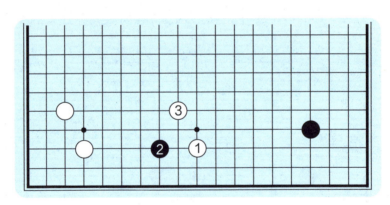

图 19-19

如果黑2贸然打入，白棋将对其进行猛烈攻击。白3飞，限制黑棋向中腹发展。由于黑2一子在边上没有拆二的空间，难以形成根据地，这样黑棋必将受攻，白棋也将因此而获得主动。

图19-20中，白1拆六情况就不一样了。白1拆六，黑2打入，白棋没有有效的攻击手段。

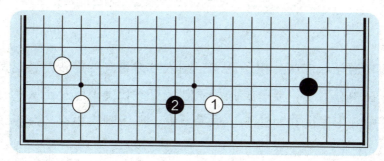

图 19-20

图19-21中，白1拆六，黑2打入，对于白3的攻击，黑4拆二轻松获得根据地，这样黑棋就打破了白1拆六想多围地的如意算盘。白3如下A位，不让黑棋拆二，则黑B位跳向中腹扬长而去，这样白1拆六仍然不能达到多围地的目的。

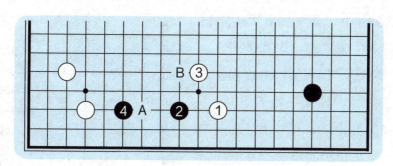

图 19-21

"拆要五间不过六"的口诀说明了开拆的限度。拆六超过了限度，结果欲速则不达，反而达不到开拆围地的目的。

打入是为了破坏对方围地，叫作"破空"。边上的打入比较容易理解，所以我们首先将打入放在这一课作为初步的了解，后面的课还要做更详细介绍。其实，打入可以在任何部位进行，可以在角上，也可以在中腹。

第20天 向中腹发展

围棋中腹区域广阔，棋子活动范围大且力量向四面辐射，这是它的主要特征。在中腹下子主要有扩张和压制、打入和侵消以及出头和封锁几种情况。在中腹下子比在角边下子难度更大，所以围棋中有"高手下腹"的说法。

在角上和边上围地比较容易，但角和边的范围有局限性，要想扩大在角和边围地的规模，就必须向中腹寻求发展，这就是角、边及中腹之间的相互关系。

以自己角部和边上的棋子作基础向中腹下子，争取扩大围地的规模，这就是"扩张"。而不让对方进行扩张的对策就是"压制"。

图20-1中，黑1以无忧角加开拆为基础向中腹跳起，这就是扩张。很明显，黑1后，黑棋围地的规模扩大了。在下棋时，如果单独下黑1这手棋是很难围到地的，图中黑1跳向中腹的棋子与角和边的棋子相互联络，相互配合，这样就能围很多地。

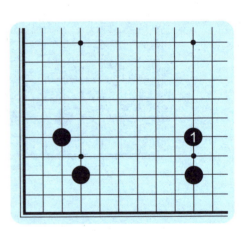

图 20-1

以角和边的棋子为基础向中腹发展，这是围棋布局的要领。

图20-2中，针对黑棋的无忧角加开拆，白棋在1位镇不让黑棋跳向中腹进行扩张，这就是压制。

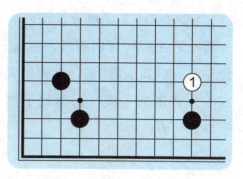

图 20-2

以角和边的棋子为基础向中腹扩张，会形成一个范围较大的阵地，在围棋中，将这样的阵地称为"模样"。

图20-3中，对白1挂角，黑2飞压，之后黑4长，当白5跳出时，黑6开拆连片，黑棋在下边形成了模样。黑2、4两子相对下边来讲是朝向中腹的，它们起到了扩张的作用。黑6后，黑棋再在A位或B位下子，则是进一步扩张模样。

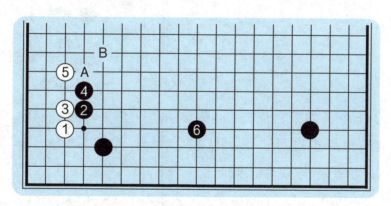

图 20-3

在实际下棋中进行扩张，可以根据情况使用各种方法，只要能形成模样，就是达到了扩张的目的。同样，压制也可以根据情况使用各种方法，只要能阻止对方形成模样或扩张模样，就是达到了压制的目的。

图20-4中,黑棋无忧角向右边开拆,对白▲子,黑1靠压,白2扳,黑3长,白4顶,黑5长,这样黑棋在左下一带形成了模样,达到了扩张模样的目的。

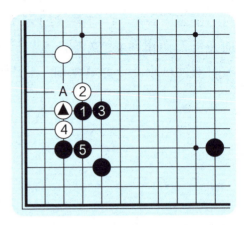

图 20-4

图20-5中,黑1跳也能有效地进行扩张,这种方法比较简明。

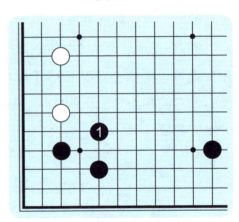

图 20-5

图20-6中,如果白先,白1镇能有效地防止黑棋进行扩张。白1抢先占据黑棋扩张的要点,同时防止了黑棋在A位靠。白1在B位跳则不是好的压制手段。

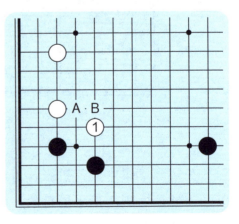

图 20-6

图20-7中，白1跳，黑棋仍有2位飞向中腹发展的线路，白1压制的效果不佳。

堵住对方发展的线路，这是进行压制的要领。

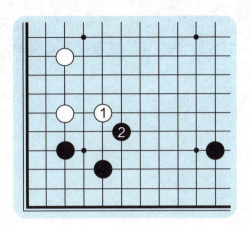

图 20-7

图20-8中，白1肩冲也是压制的好点。与A点的镇相比，白1肩冲的压制力更强烈，但白子间的联络要差。

四路线的肩冲是常见的压制手段。

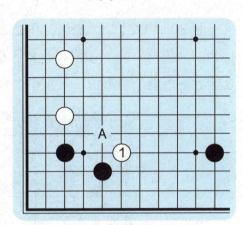

图 20-8

图20-9中，黑1飞，这样黑棋下边得到了扩张，形成了模样。

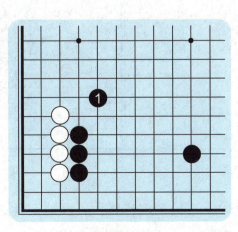

图 20-9

图20-10中，如果白棋先行，白1飞起，黑棋下边就难以形成模样。

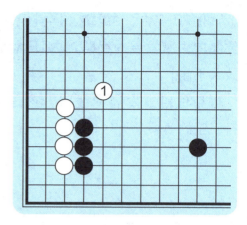

图 20-10

图20-11中，黑1在天元附近着子形成了一个规模很大的势力范围，称为"大模样"。大模样是现代围棋的一种战法，大模样作战，常常采用在天元附近着子的方法，直接在中腹进行领地扩张。

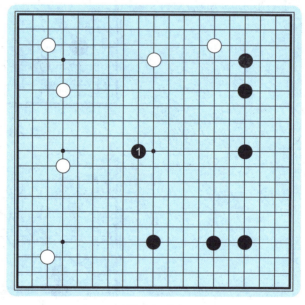

图 20-11

对方的模样越大，围的空就会越多，己方当然不能任其发展。针对对方已经形成的模样，可以使用侵消或打入的手段与之进行对抗。

图20-12中，黑棋在下边和中腹一带形成了大模样，白1在其边缘下子，这就是"侵消"。白1侵消，黑棋如在2位围，黑棋模样的规模便会缩小，围的地也就少了。

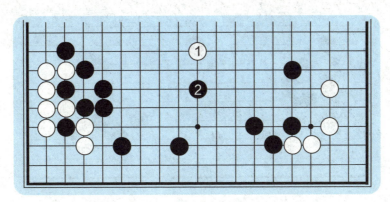

图 20-12

侵消的棋子处在相对高的位置，便于向对方模样外侧发展，所以不易受到攻击，但侵消也给对方模样留下了相当一部分的围地空间。黑2后，黑棋模样围的空也不算少。

图20-13中，白1在黑棋模样的纵深地带下子，这就是打入。白1打入，黑棋如在2位下子，黑棋模样围的空就减少很多。

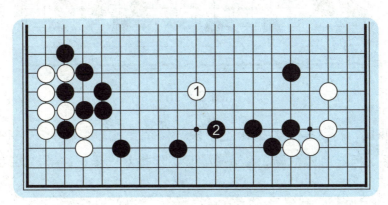

图 20-13

图20-14中，对白1打入，黑棋不甘心围那么一点空，于是黑2镇奋起反击。白1处在相对低的位置，不便于向对方模样外侧拉出，因此容易受到攻击。

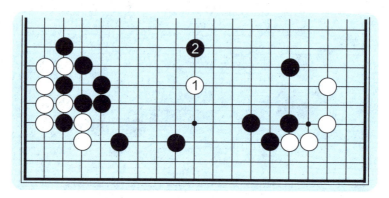

图 20-14

图20-15中，白1彻底深入对方模样，这是更加强烈的打入。

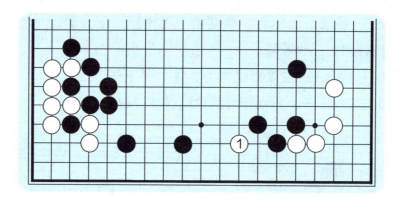

图 20-15

很明显，打入是强烈的破空手段，侵消是比较温和的破空手段。打入破空多，但自身较危险，侵消破空少，但相对安全，这是打入和侵消的特点。

在实际下棋中，对对方的模样是进行侵消还是打入，只能具体情况具体分析。

第21天　常用定式

围棋定式是经过棋手们长期的实践研究，在角部形成的双方认可、互不吃亏的一些固定下法。围棋的定式有很多，据说有两万多个，常用的定式也有四五百个。本书我们来介绍一些简单常用的定式。

图21-1中，这是星位定式。黑占星位，白1小飞挂角，至黑6拆边，这是双方各得一边的定式。

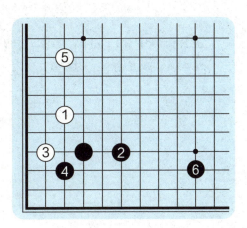

图 21-1

图21-2中，白1挂角时，黑2小飞应着，至白5，双方在这个局部中都不吃亏。与图21-1不同的是黑棋取得了主动权，因为这时黑棋并不急于像图21-1黑6那样在右边拆边，而是去抢占别处更重要的地方。

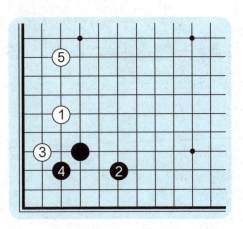

图 21-2

第5章　布局基本技巧

图21-3中,白棋挂角时,黑2不在右边应,而是夹攻白1一子,这时白棋通常是进角转换,至白11止,形成了白棋得角地、黑棋得外势的结果。

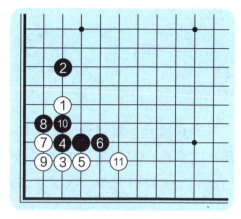

图 21-3

图21-4中,白1挂,黑2二间高夹,白3跳,黑4也跳,至黑8,定式完成。

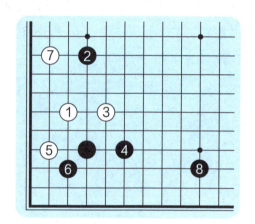

图 21-4

图21-5中,白1大飞挂角,黑2也大飞,白3进角,黑4尖,白5拆二,这也是定式。

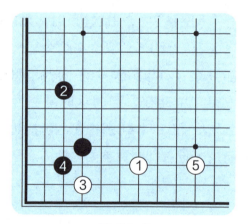

图 21-5

图21-6中，黑棋占三三，白1尖冲，尖冲是对付三三的常用手法，目的是压低对方，限制对方发展，自己在中央形成外势。至白7，黑棋在角部取得实地，白棋获得外势，双方均可满意。

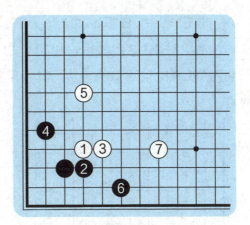

图 21-6

图21-7中，当黑4飞时，白棋如果想围边空，也可在5位挡，黑6飞起，白7拆三，这也是定式。

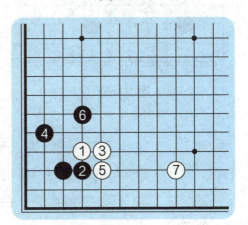

图 21-7

图21-8中，白3长时，黑棋不飞而在4位曲，至白9也是定式，与图21-7相比黑棋角地稍大一些，但白棋外势也更厚实。

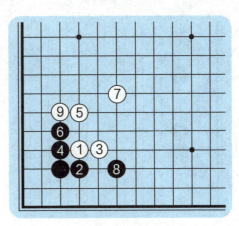

图 21-8

第5章 布局基本技巧

图21-9中，白1二间低挂，黑2飞，白3拆二，至黑4也是常见的定式。

图21-10中，黑棋占小目，白1低挂是常见的下法，黑2尖应对，至白7是双方比较平稳的下法。其中黑2尖是为了防止白棋下2位把黑棋压低。

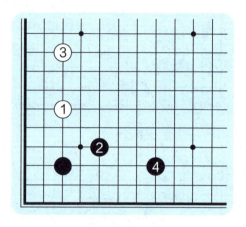

图 21-9

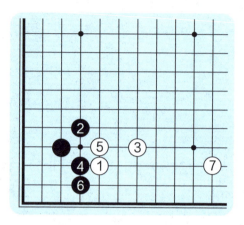

图 21-10

图21-11中，黑2三间低夹，至黑8，白棋因先行在角上获得一定的利益，黑2一子也起到了限制白棋发展的作用，双方均可满意。

图21-12中，黑2二间高夹，白棋也可以采取图21-11的下法，至黑8是一种定式。

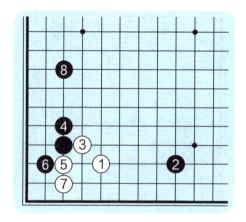

图 21-11

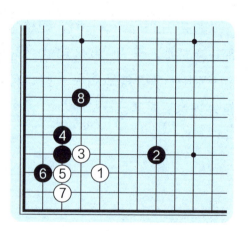

图 21-12

图21-13中，白1高挂，黑2托，白3扳，至白7是小目一间高挂的常用定式。

图21-14中，白棋也可走成本图5位虎，至白7也是定式。

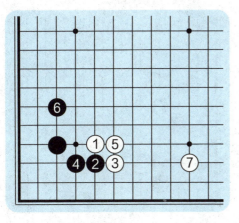

图 21-13

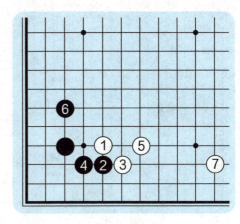

图 21-14

图21-15中，对白1高挂，黑2飞，白3、5托退，黑6是稳妥的下法，至白7是常见定式。

图21-16中，白1高挂，黑2上靠时，白3、5是简明的应对方法，黑6、8也是稳健之策。

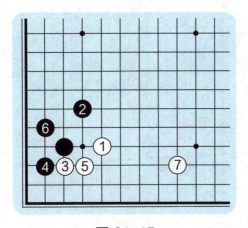

图 21-15

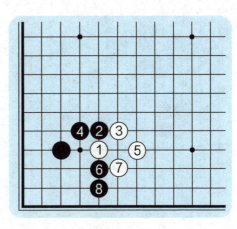

图 21-16

图21-17中，黑棋目外，白1小目挂常见，黑2飞压，至黑6是定式。

图21-18中，白1在高目的位置挂，黑2、4占据角部是普通下法，至黑6是定式。其中黑6也可以省略而下在别处。

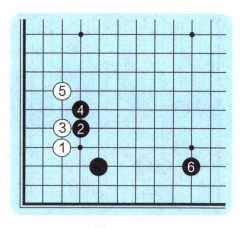

图 21-17

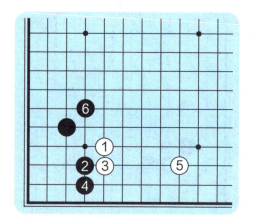

图 21-18

图21-19中，这是高目定式的一种。白1小目挂，黑2飞罩，白3、5托退，至黑6，白棋得角地，黑棋取外势。

图21-20中，白1挂时，黑2、4托退再在6位拆边，还原成图21-15的小目高挂定式。

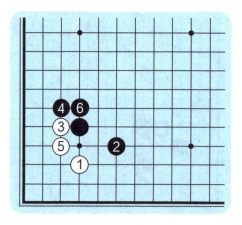

图 21-19

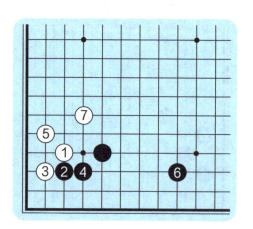

图 21-20

第22天 常见布局类型

一、二连星布局

图22-1中,黑1、3占两个星位叫"二连星"。白8挂角,黑9一间低夹时,白10进角转换是常识性下法,至黑15,在右下角形成白占角地,黑取外势的结果。接着白16守角,黑17是防止白占17位在左边形成连片的阵势。白18既扩展左上角己方阵势,又攻击黑17一子。黑19是要点,黑棋在右上一带形成广阔的势力范围,同时也限制了白棋的发展。白20对黑17一子发起攻击,同时巩固左下边的阵地,黑21向中腹跳出。对方布局暂告一段落,这是比较古老的"二连星布局"。

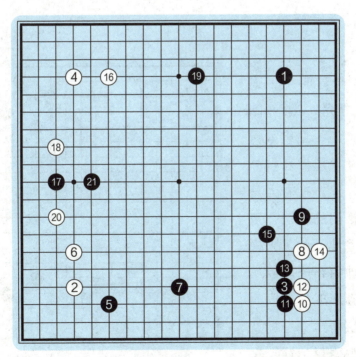

图 22-1

图22-2也是二连星布局。当黑5挂时,白6一间低夹是现代非常流行的下法。黑7进角转换,形成黑棋占角地,白棋取外势的结果。白16挂角至白20飞,白棋在上边形成很大的阵势。其中白16在17位挂角也很常见,其用意是削弱黑二连星的势力。

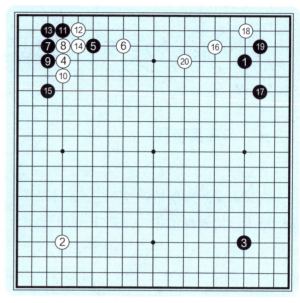

图 22-2

二、三连星布局

图22-3中,黑1、3、5连续占三个星叫"三连星"。白6挂角,黑7一间低夹,至黑13,白棋取得右下角实地,黑棋获得外势。接着,双方在右上角又采用了相同的下法,至黑21形成了典型的黑大模样对白实地的布局。以三连星为基础形成的布局叫作"三连星布局",它的意图就是形成大模样对局。

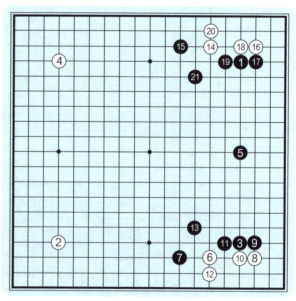

图 22-3

图22-4中，黑5先在左上挂角，然后黑13又形成了三连星布局。白14挂角，黑15仍采用一间低夹，至黑23，双方同样形成了白棋实地与黑棋大模样对抗的局面。

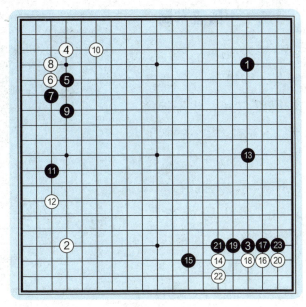

图 22-4

图22-5中，白6挂角时，黑7单关应也是三连星布局的常见下法。黑15以下至黑31，黑棋在左边取得两个角的实地，而右边黑棋三连星的布局正好能限制白棋大模样的发展。

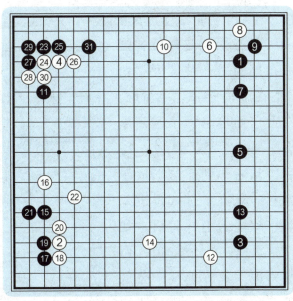

图 22-5

三、中国流布局

图22-6中，黑1、3分别占一个星和一个小目，黑5既不守角，也不挂角，而是下在右边星位的斜下方（靠近小目的一边），这种布局就叫"中国流布局"，又叫"低中国流布局"（如果黑5下在四路线上就叫"高中国流布局"）。中国流布局的意图是当对方来挂小目时可以立即进行攻击。白6是避开黑棋意图的下法。白8三间高夹，黑9进角转换。白18在右上挂角是对付中国流布局的常识性下法，黑19以下至黑25通过攻击白棋，在右下方形成了庞大的阵势，充分显示了中国流布局的特点。

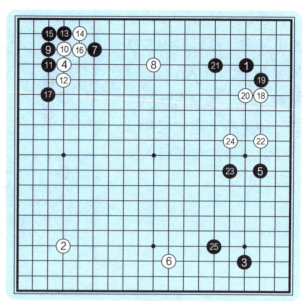

图 22-6

图22-7，这是低中国流布局的另一种类型。白6不在下面挂黑小目而在右上挂角也是为了避开黑棋布局的意图。黑11、13后，从右边到下边形成了雄壮的阵势，白14是进入黑棋阵地的绝好时机，如果被黑棋在14位守角，白棋再进入黑阵地就十分危险了。黑15的意思是不让白棋在这里就地做活，今后可以通过攻击白棋而获得利益。

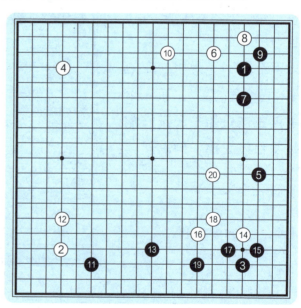

图 22-7

图22-8中，黑5下在四路线上。白6位是黑白双方扩张势力范围的要点，黑7是贯彻中国流布局谋划扩张势力的正确下法，白8三连星与黑棋抗衡，黑9继续强化右边阵势。对白10挂角，黑11、13是常识性下法，黑15是急所，如果下在别处，被白棋在A位飞，不但自身获得安定，而且顺势破坏了下边黑棋阵地，黑棋不能忍受。至白20是高中国流布局的另一种类型。

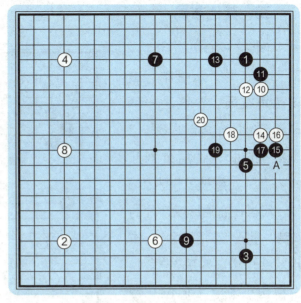

图 22-8

四、小林流布局

图22-9中，黑1、3、5、7的布局下法是日本小林光一九段发明的，所以叫"小林流布局"。对白8的大飞挂，黑9至黑15在下边形成大模样，这是一种构思积极的布局。

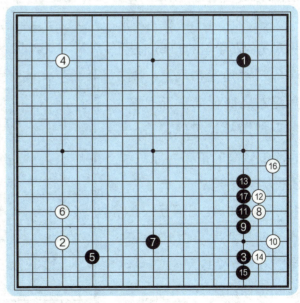

图 22-9

五、其他布局

图22-10中，黑1、3、5的布局下法叫作"星无忧角布局"，这是一种非常流行的布局。白6是把黑棋星位和无忧角分割开的要点，如果被黑棋占到6位，黑棋在右边形成连片的阵势，棋子上下相互呼应，作用就会倍增。对黑7挂角，白棋也可考虑在11位一带夹攻，图中白8是简明的下法。黑15在右边拆是常识，与下边无忧角配合容易做成立体模样，至白18是这种布局的常见类型。

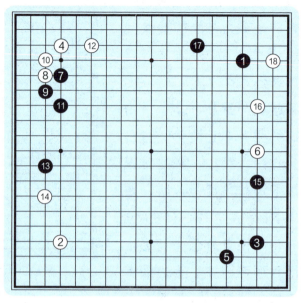

图 22-10

图22-11中，黑1、3占对角的两个星的布局下法叫作"对角星布局"。对角星布局变化丰富而且容易形成激战，可以说是一种难度较高的布局。黑7、9是从容不迫的下法，白10、12与白4、8相互依靠也是明智之举。白10也可考虑在A位夹攻黑5或直接在14位挂角。

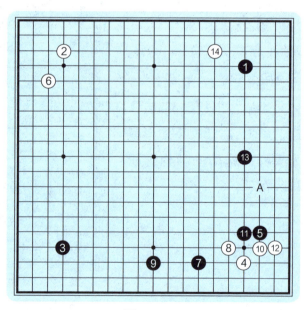

图 22-11

综合练习

以下各图，请在A、B、C中选择最佳下法，并说明这样下的理由。

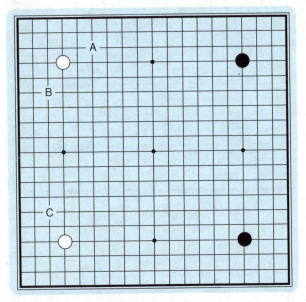

第1题（黑先）

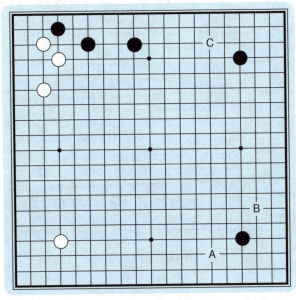

第2题（白先）

第5章 布局基本技巧

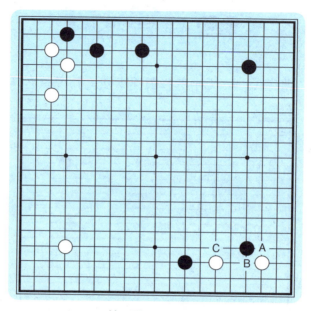

第3题（黑先）

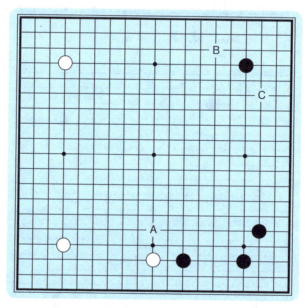

第4题（白先）

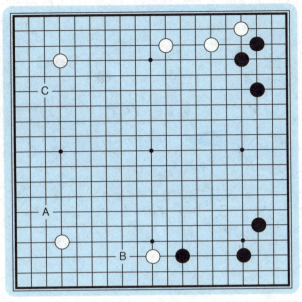

第5题（黑先）

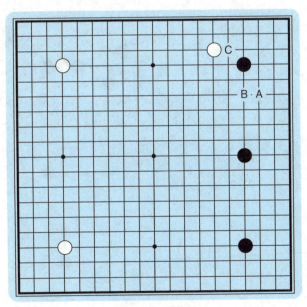

第6题（黑先）

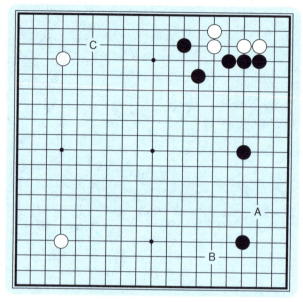

第7题（白先）

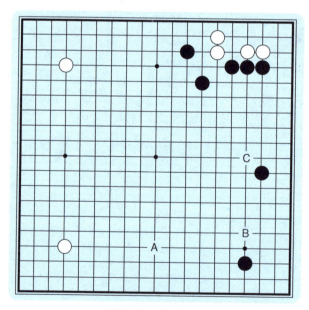

第8题（白先）

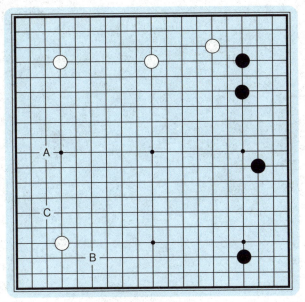

第9题（黑先）

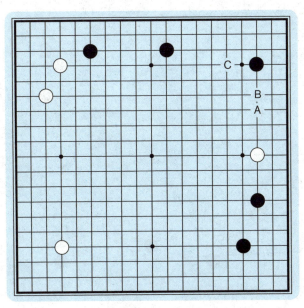

第10题（白先）

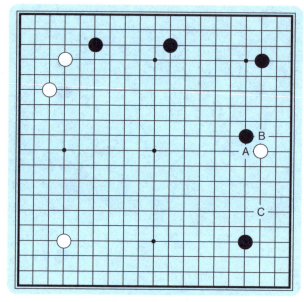

第11题（白先）

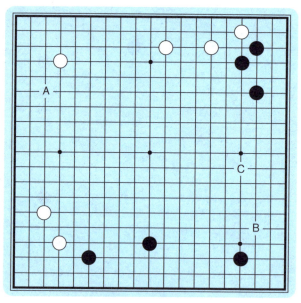

第12题（黑先）

第 6 章

中盘基本技巧

"中盘"是指双方对局中间的部分，与布局、收官并没有明显的界限。进入中盘阶段，棋局变化莫测。相对而言，布局和收官可以从书中和高手的对局中学习，而中盘战斗则是最难掌握的技术之一。中盘的主要技术，不但包括计算能力、掌控全局能力和形势判断，还包括进攻、防守、打入、腾挪等多方面的战术。

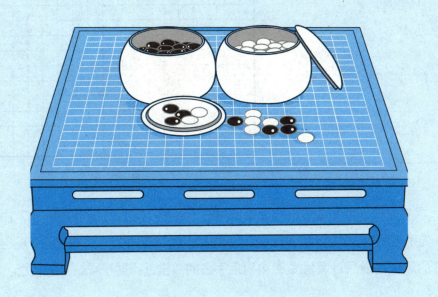

第 23 天　先手与棋形

一、先手与后手

学习了布局方面的知识后我们就进入了中盘。"先手"和"后手"是围棋中十分重要的概念，它们从主动和被动这两个方面反映了棋的价值。

轮到哪一方下子，哪一方就是先手，另一方就是后手，这是关于先后手最简单的理解。

围棋规则规定，下棋时黑棋一方先下子，所以黑棋一方又叫"先手方"，白棋一方又叫"后手方"。

图23-1中，先手方先下，黑1占空角星，此时轮到白棋下子，白棋又成了先手方，白2也占空角星。

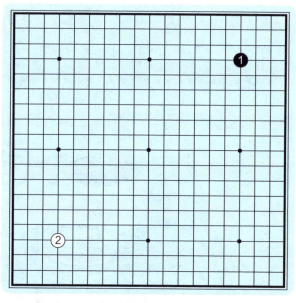

图 23-1

黑1、白2一个回合后，局面上双方打个平手，先手又回到黑棋一方。由此可见，先手方黑棋在对局中一开始就占有主动。为了竞争公平，围棋规则规定，先手方的黑棋在最后计算胜负时要对后手方的白棋进行贴子或贴目的补偿。

图23-2中，现在轮到白棋下子，白棋是先手，白1冲后，下一手下A位破眼将吃掉整块黑棋，所以现在黑棋必须针对白1冲这手棋采取相应的措施，避免整块黑棋被吃掉。

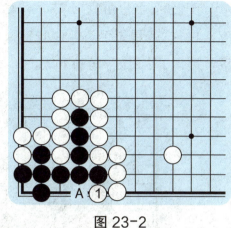

图 23-2

图23-3中，白1冲，黑2挡，黑棋确保两眼活棋。在一个变化点上，一方下棋后，如果另一方必须针对这手棋采取措施，以阻止对方下一步获取某种利益，则前者下的那手棋叫"先手"，后者采取措施的那手棋叫"应"，应就是后手。

很明显，图23-3白1冲这手棋是先手，黑2应是后手。

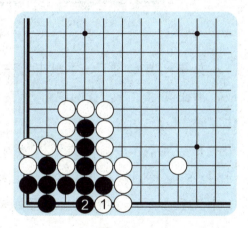

图 23-3

在实际下棋中，一手棋要成为先手，它就必须迫使对方应。

图23-4中，白1打，下一步要提掉黑棋两子，此时黑棋如A位接就是应，白1打就是先手。但白1打时，黑棋认为接回两子价值太小，于是不应，选择了在2位守角的下法。

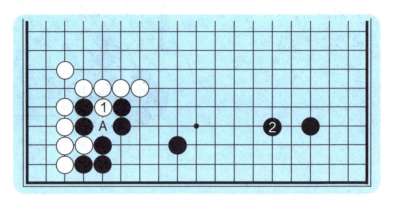

图 23-4

如果一方专门下一手棋去解决某种问题或获取某种利益，而对方不应，下在其他地方，我们说前者专门下的那手棋是后手，后者的那手棋叫作"脱先"。

在实际下棋中，一方下棋认为是先手，但对方偏偏不应，这样的情况很多，这是因为双方在棋的价值比较上有差异。

先手显示了一种主动，但先手如果运用得不好，反而会给自己造成被动。

图23-5中，现在轮到白棋下子，必须解决中间8个白子的死活问题，如果让黑棋下A位分断，中间8个白子将被黑棋围歼。

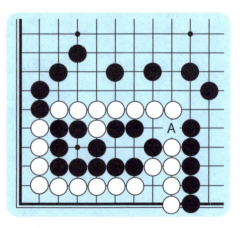

图 23-5

图23-6中，白1接，将8个白子接回根据地，这样白棋安全了。然而对于白1这手棋，黑2必须应，必须做眼活棋，否则白棋再下A位扑将吃掉这块黑棋。本图白1是先手，先手解决了自己的死活问题。

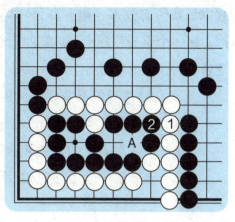

图 23-6

图23-7中，白1打是更明显的先手，黑2必须接，否则白棋下2位提子就吃掉这块黑棋。但是黑2接后，白棋并没有解决会被分断的问题，于是白3还得接。现在情况不同了，白3接后，黑棋当然要脱先，这样白棋成了后手。

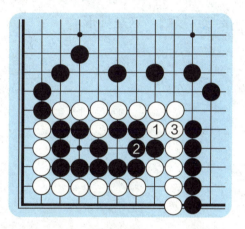

图 23-7

图23-6白棋先手解决问题，图23-7白棋后手解决问题，这里的差别极大，白棋等于是白白浪费了一手棋，其损失完全是因为白1随便使用先手造成的。由此可见，先手并不一定就是好棋。

在实际下棋中，先后手的含义当然会更丰富，我们应该首先掌握先后手的概念，然后通过实践去体会先后手丰富的含义，体会先后手对棋局的影响。

二、好形与坏形

在围棋中，棋手们通常将那些效率高的棋形称为"好形"，将那些效率低或没有效率的棋形称为"坏形"或者"恶形"。围棋中的好形与坏形，是一个十分深刻十分广泛的问题，这里不做深入的介绍，我们可以这样理解：符合概念和原则，效率高、合理的棋形就是好形，反之就是坏形。

下面几种是我们最容易下出的坏形。

（1）在没有明确利益的情况下，不经接近，直接与对方的棋子接触。

（2）不注意棋子的位置和线路，随意下子。

（3）己方棋子间不注意相互联络。

（4）己方棋子挤成一团。

图23-8中，白棋占小目，黑1直接与其接触，这是坏形。

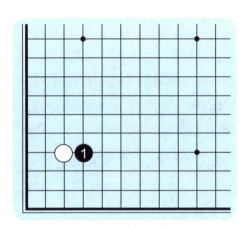

图 23-8

图23-9中，黑1小飞接近白棋空角小目，这是小飞挂角，是很好的棋形。黑1还可以选择其他的接近方式进行挂角。

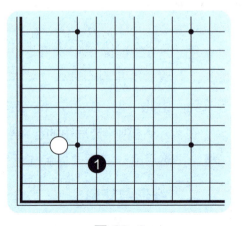

图 23-9

图23-10中，黑1直接与边上的白子接触，这是坏形。

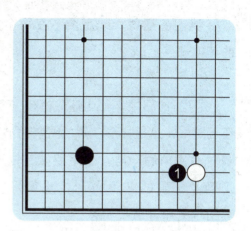

图 23-10

图23-11中，对边上对方的棋子，应首先向其接近，本图黑1隔一路接近白子，这种棋形也叫"逼"，这是好形。对黑棋空角星来讲，黑1也是开拆，黑1下A位则不是开拆。

黑1还可以选择其他方式接近白子。

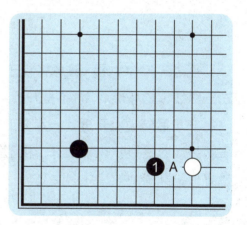

图 23-11

图23-12中，黑1随意将棋子下在二路线，这是坏形，黑1不是占空角；黑1下A位也是坏形，也不是占空角。

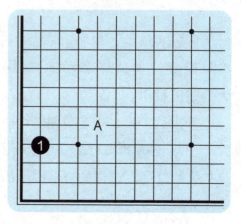

图 23-12

我们占空角，一定要下在每个角星、小目、目外、高目或三三8个点的其中一点上。

图23-13中，黑1随意将棋子下在五路线，这是坏形。黑1不是守角。

占空角后守角，一定要做到位置正确。正确的守角棋形才是好形，其围地效率才会更高。

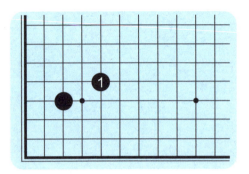

图 23-13

图23-14中，黑1随意将棋子下在五路线，是坏形。黑1不是开拆。

守角后向边上开拆，一定要下在三路线或四路线，正确的开拆棋形才是好形，其围地效率才会更高。

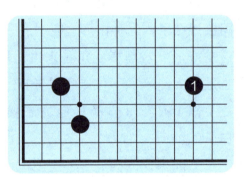

图 23-14

图23-15中，黑1随意将棋子下在一路线，这是坏形。黑1可以扩大的范围很小。

开拆后扩张，一定要朝向中腹，并要使用正确的棋形。黑1在A位跳是扩张的好形，这样的好形围地的效率才会高。

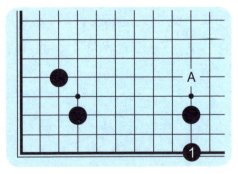

图 23-15

图23-16中，对于白棋飞压，黑1长是好形，两个黑子齐心协力，避免了被白棋封锁。当白2长时，黑3跳又是出头的好形。

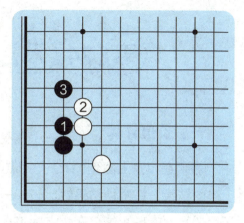

图 23-16

图23-17中，白2长时，黑3大跳则是坏形，黑3与角上两个黑子之间没有组成合理的棋形，因而缺少联络，白下4位很简单地将黑子分断，两个黑子就被困在了角上。黑3下A位可以说是此情况下出头的唯一好形。

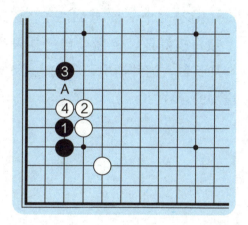

图 23-17

第24天 棋子的价值

一、价值计算

我们在棋盘上围到的1个交叉点叫1目。在一个变化点上，按照双方正确下棋的结果，将两种结果做比较，一方得到的目数和另一方减少的目数相加所得的和，就是在这个变化点上下棋的现实价值。这种计算方法就是加减计算法。

图24-1中，黑1接回两子，避免了被白棋提掉，但黑棋自己并没有增加目数，这种情况，我们说黑1接增加的目数为0。

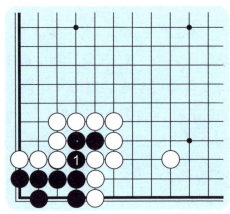

图 24-1

图24-2中，在同一个变化点上，白1提掉黑棋两子得4目。

相比之下，图24-1黑棋增加的目数为0，图24-2白棋增加了4目。

由此可知，图24-1中黑1接回两子的现实价值是0目+4目=4目。同理，图24-2中白1提黑两子的现实价值也是4目。

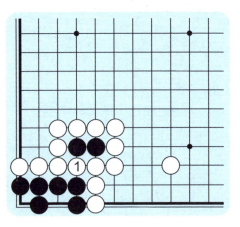

图 24-2

图24-3中，黑1提白两子得4目。

图24-4中，白1提黑一子得2目。

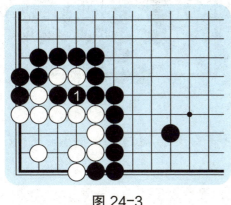

图 24-3

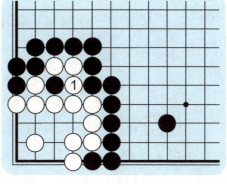

图 24-4

由此可知，图24-3黑1提白两子的现实价值是4目+2目=6目。同样，图24-4白1提黑一子的现实价值也是6目。

图24-5中，白1破眼吃掉黑棋七子得14目，围住×点得2目，一共得16目。

图24-6中，在同一个变化点上，黑1做眼活棋，两个眼围得2目。

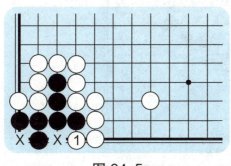

图 24-5

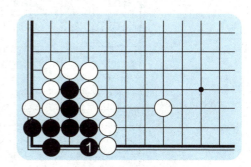

图 24-6

那么图24-5白1吃掉黑棋的现实价值是16目+2目=18目。同样，图24-6黑1做眼活棋的现实价值也是18目。

我们前面的几个计算例子都是局部问题，计算的是一手棋的现实价值，但没有计算它的潜在价值，是比较单纯的问题。

图24-7中,通过计算和分析,我们知道白1提黑三子局部的价值是6目,要确定它在全局中是大是小,是好是坏,必须和另一手棋相比较才能得出结论。

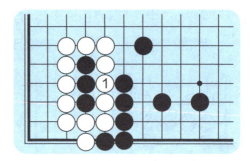

图 24-7

图24-8中,假设白1比较的对象只有右上的A位。白1提黑三子得6目,但这手棋没有其他作用,因此它没有潜在价值。再看右上A位的情况。白A位断,很明显,没有直接得目,因此它没有现实价值,但是,白A位断后,可以猛攻被断在外面的六个黑子,从而获得很大的利益,因此白A位断具有很大的潜在价值。经验告诉我们,右上白A位断后通过攻击黑棋可能获得的利益会远远大于6目。因此,图24-8中白1提黑三个子价值小,是坏棋,白1应该下A位断。A位断价值大,是好棋。

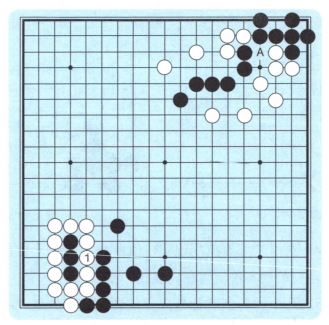

图 24-8

在实际下棋中，一手棋往往要和多手棋进行比较才能确定其大小，这当然就增加了选择好棋的难度。但我们只要能有意识地将一手棋与另一手棋进行比较，以其大小好坏进行选择，无论结果对不对，都是学习中的一次飞跃。

二、重要的棋子

什么是重要的棋子呢？像我们在前面讲到的棋筋，关系到双方死活、强弱和双方围空的多少，能产生重要影响的棋子就是重要的棋子，影响越大，这个子也就越重要。

图24-9中，黑1提，正确，而且是非常必要的。提掉白▲一子后，黑棋变得非常强大、厚实。如果被白棋在1位长出的话，不但中腹黑一子很危险，而且角上的黑棋也变弱了。因此，白▲一子对黑白双方都是重要的棋子。

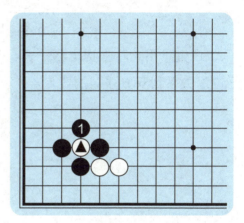

图 24-9

图24-10中，黑1提，这手棋不好。因为此处的白▲一子已经死掉了，白棋下在1位是逃不掉的，因此黑1是一手废棋，完全没有必要去提子。

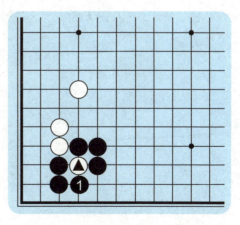

图 24-10

图24-11中，白1提掉黑▲一子是非常有必要的。这样，下边的三个黑子也跑不掉了，不仅自身变强，而且边角也都成为白棋的空。如果白棋不提，那么黑棋就会在1位提掉白棋四子，不但救出了下边的三子，同时使两边的白棋更加孤立了。可见提黑▲一子是多么重要。

图 24-11

图24-12中，由于A位还有1口气，白棋不用急着去提黑▲一子。而B位是关系到双方强弱的要点。

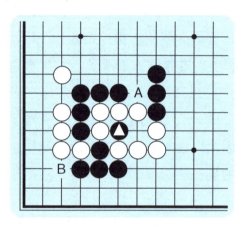

图 24-12

图24-13中，白▲断，黑棋应该怎么办呢？

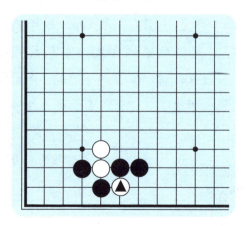

图 24-13

如图24-14，白⚆一子是分断黑棋的棋筋，是重要的棋子。黑1虎或A位连，防止白棋于A位断吃是正确的下法，同时也吃掉了白⚆一子，一举两得。白2以下试图逃跑，至黑7时，白棋差一气被吃。

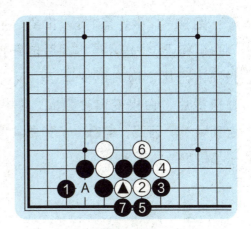

图 24-14

如图24-15，有的爱好者被对方一断，没有经过认真的观察，就急忙黑1打吃对方的棋子，白2反打时，黑3只能提，白4顺势吃掉黑棋角上一子，获得了便宜。

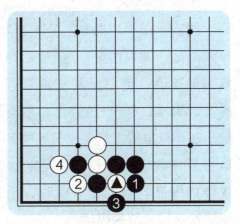

图 24-15

图24-16中，黑1提，极为重要。角上的黑棋只有一只眼，如果被白棋于1位连，黑棋就死掉了。因此黑1提掉白⚆一子，保证自己活棋。

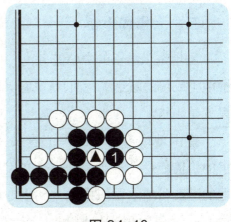

图 24-16

图24-17中,黑1提,重要,否则白棋将于A位提。黑棋提后自身变得强大无比,而白棋变弱了。反之白棋提后,白棋变得很强大,黑棋就变弱了。因此,黑▲一子和白▲一子都是重要的棋子。

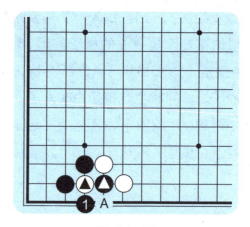

图 24-17

图24-18中,黑1提,潜在价值巨大无比,难以估量。黑1提后,黑棋全部连通,而白棋却变得四分五裂。如果被白棋于1位连上,所有的黑子都十分危险。白▲一子是关系到黑白双方六块棋强弱和死活的极其重要的棋筋。我们在下棋时,千万要注意这样重要的棋子。

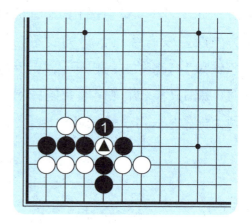

图 24-18

三、大棋和小棋

围地是下围棋的中心任务,一手棋如果能够直接围地(或破空)或帮助围地(或帮助破空),我们就说它具有价值,价值大的棋是大棋,价值小的棋就是小棋。

能围地或多围地的棋价值大,反之价值就小。在实际下棋中,一手棋的价值包括两部分,一部分是直接围地的现实价值,另一部分是帮助围地的潜在价值。围棋中的大和小,就是对一步棋价值的判定。

一手棋的现实价值有时比较明确,通过计算可以得到一个准确或比较准确的数字，而潜在价值有时则不太明确，不能进行定量计算，只能通过推理来进行判断。由于潜在价值难以准确定量，所以围棋中一手棋的价值，其大小也往往是一个大概的数。

下面我们来看看实例。

图24-19中，白1提掉黑棋两个子直接得到4目，这就是白1的现实价值。

白1后，整块白棋确保两眼活棋，再也不会受到攻击，并且还能以此为根据，接应和援助自己其他的棋子，这就是白1的潜在价值。

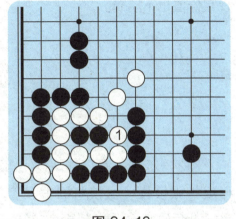

图 24-19

图24-20中，反过来黑1接回两子也直接得4目，因为它阻止了白棋提两子得4目，这是黑1的现实价值。

黑1后，白棋整块没有两个真眼，黑棋还可以进一步攻击白棋，从而获得利益，这就是黑1的潜在价值。

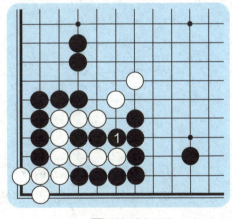

图 24-20

从以上两个图例可以看出，现实价值是一种既得利益，而潜在价值不是既得利益，它重视发展，希望在发展中获取更大的利益。

图24-21中,黑1以无忧角为基础开拆,由于白棋还可能在边上A、B位进行打入,黑1这手棋直接围了多少空并不明确,所以黑1这手棋的现实价值也不明确。

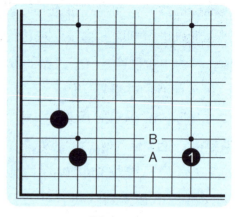

图 24-21

图24-22中,黑1开拆后,黑3跳形成扩张模样,黑棋将围很多空。黑1开拆后的扩张发展,就是潜在价值。

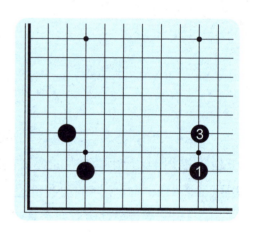

图 24-22

我们判断黑1的潜在价值非常大,所以黑1开拆的价值非常大。

在实际下棋中,一手棋的潜在价值必须向现实价值转化(真正得到的空),围的空多就能取胜。

一手棋的潜在价值向现实价值转化,其过程十分复杂,如何有效地把握这个转化过程,体现了一个棋手水平的高低。

第 25 天　打入与攻击

一、打入

打入通常有两种目的，一种是打入破空，另一种是攻击型打入，也就是通过打入夺取对方的根据地，或通过打入将对方分断，使对方两面都受到攻击。打入的选点非常重要，选点正确可以进退自如，反之就会遭到对方强攻甚至全军覆没。所以选择打入点通常要考虑自身的安全问题。

图25-1中，下边白棋如果再加补一手，形势将会非常好，黑棋必须不失时机地破坏白棋阵容。那么在哪儿打入恰当呢？

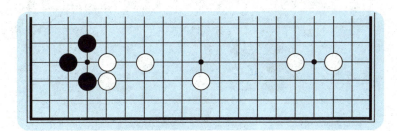

图 25-1

如图25-2，黑1打入，选点正确。白2企图强攻黑棋，但黑3以下可以就地做成活棋。

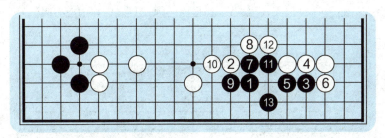

图 25-2

第 6 章　中盘基本技巧

如图25-3，白2固守右边，并对黑1造成威胁，但黑3飞、5跳，即顺畅逃出。

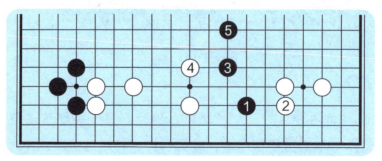

图 25-3

图25-4中，看上去黑棋已很坚固，但白棋仍有打入破空的手段，关键是如何让白▲一子发挥余热。白怎样行棋呢？

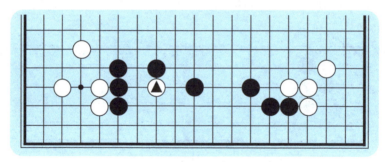

图 25-4

如图25-5，白1击中黑棋弱点，黑2压；白3以下至白7，白棋A位扳渡或B位做活，二者必得其一。

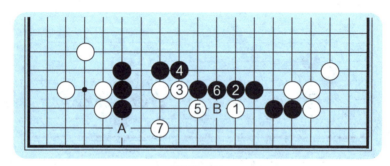

图 25-5

如图25-6，黑2不让白棋做成活棋，但白3冲后，黑棋三子受到攻击。

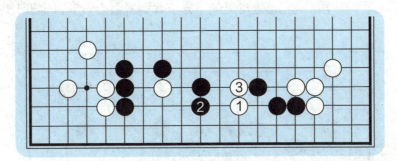

图 25-6

图25-7中，白棋立二拆三，但黑▲拦后就产生了1位的打入。黑5立后，A、B两点必得其一，白棋根据地被夺，而且棋形不整。

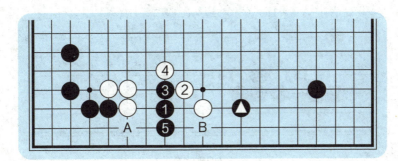

图 25-7

如图25-8，白2压，至黑7，白棋比图25-7完整，但黑1的打入仍获利不小。

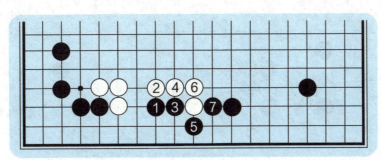

图 25-8

图25-9中，黑1是打入白❷斜拆三的要点，如果在2位打入，被白1位托过，黑棋无后续手段。至白6是常见的下法。我们看看有没有其他变化？

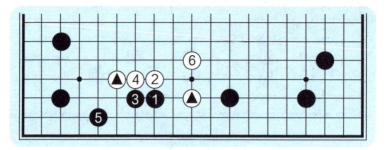

图 25-9

如图25-10，黑棋征吃有利时，3位挖是成立的，至白10也是常见变化。

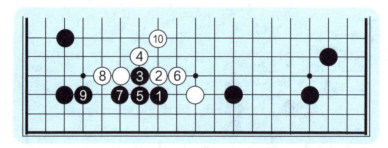

图 25-10

如图25-11，白4在下面打是重视实利的下法，黑9时，白10贴重要，否则被黑A位翻打上来，白B位提，黑C位退后，白棋一部分子没有眼，将受到攻击。

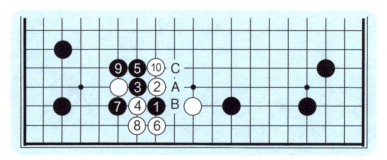

图 25-11

二、攻击

攻击与防守是围棋中盘战斗中永恒的主题。说起攻击，我们也许会认为攻击就是为了吃子。的确，如果通过攻击能够吃掉对方棋子，当然是最理想的结果，但是吃子绝不是攻击的唯一目的，而且大多数情况下，对方也不会轻易让你吃掉。围棋毕竟是以围地多少来计算胜负的，所以通过攻击，也就是通过威胁对方棋子的生存来获取实实在在的利益才是攻击的根本目的。攻击要选准目标，如果我们对一块活棋发动攻击，那肯定会劳而无功，一无所获。相反，当自己有弱棋时就要及时防守，不给对方攻击获利的机会。

图25-12中，对于三连星布局通常是从A位外侧挂角，现在白▲从内侧挂，黑应怎么办呢？

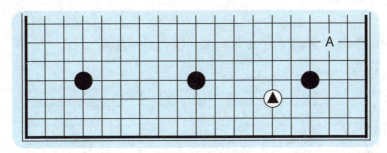

图 25-12

如图25-13，黑1跳虽是定式，但被白2、4简单地获得了根据地，黑三连星布局失去了意义。

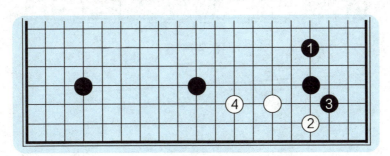

图 25-13

如图25-14，在有的场合，黑1通常是尖顶，黑5夺取白棋根据地，至黑7，黑棋通过攻击占了很大便宜。

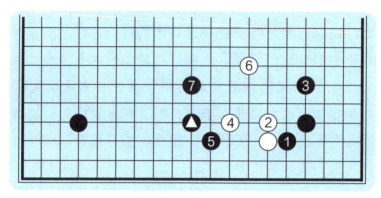

图 25-14

图25-15中，黑棋怎样攻击白▲二子获得利益呢？

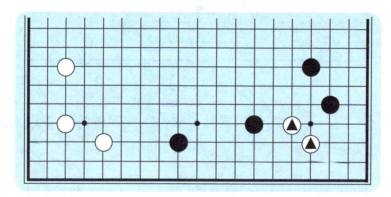

图 25-15

如图25-16中，黑1小飞是一举两得的绝好点，既获得了角上的实利，又夺取了白二子的根据地。

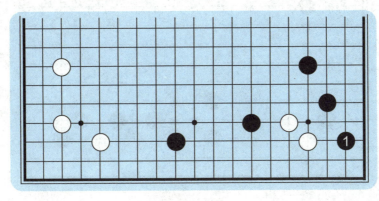

图 25-16

如图25-17中，如果轮到白棋走，白1、3确保根据地是绝对的，而且白棋角部坚固，以后还瞄着攻击黑棋A位的弱点。

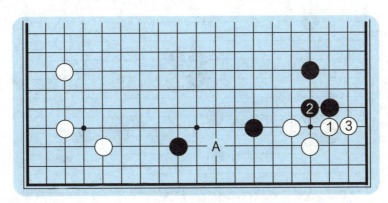

图 25-17

图25-18中,黑棋怎样通过攻击白▲三子获取利益呢?

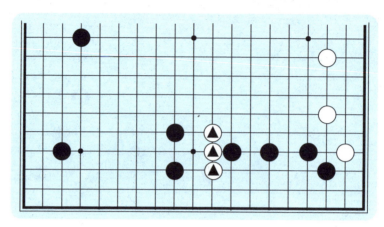

图 25-18

如图25-19,黑1飞攻是正确的,白2靠时,黑3扳、5连,白6逃出,黑7加固左边阵势,占取了主动。

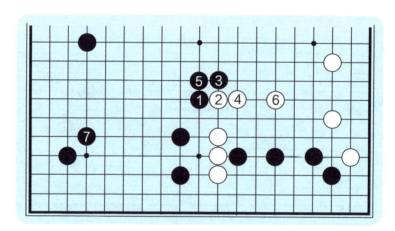

图 25-19

第26天 防守与整形

一、防守

在进攻对方的同时,也要提高警惕,注意防守,不给对方可乘之机。

图26-1中,下边只有孤单的一个黑子,如果被白棋下A位夹攻,那下边的黑子就只有向外逃了。

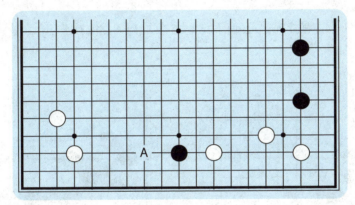

图 26-1

如图26-2,黑1拆二是十分必要的,这样既加强了自己,还得到了一些地盘,一举两得。

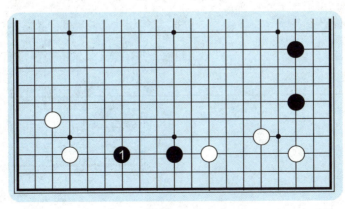

图 26-2

图26-3中,白▲连,黑棋应该下哪儿呢?

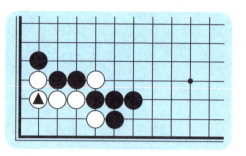

图 26-3

如图26-4,黑1吃一个子不好,没有看到自己的毛病。白2断吃,然后在4位长,黑▲子就被吃掉了。

如图26-5,黑1虎是正确下法,白棋只好在2位虎做成活棋,黑棋外边很厚实。

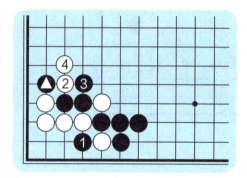

图 26-4

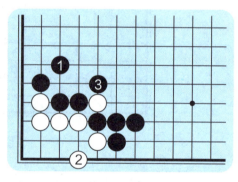

图 26-5

图26-6中,观察一下,两个黑子需要加强吗?

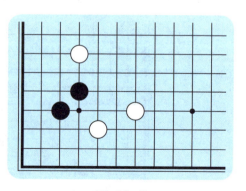

图 26-6

如图26-7，如果白先，白1小飞，黑棋成为孤棋，问题十分严重。

如图26-8，黑1尖顶，然后在3位立，非常必要。这样既保护了其他棋子，还得到了一个角，非常满意。

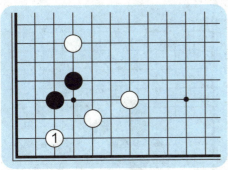

图 26-7

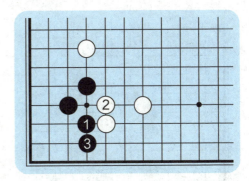

图 26-8

我们学习了吃子方法、死活知识，又学了布局的基本下法，我们对围棋的整体有了一个初步的了解。在此基础上，我们就要练习正式下棋。在下棋过程中，要综合运用吃子、死活和围地盘的知识，才能逐步下好棋。

二、联络

图26-9中，黑△一子被白棋围住，黑棋能把这个子救出来吗？

如图26-10，黑1、3后，黑5立十分巧妙，接下来A位和B位黑棋必得其一，就可以救出来了。

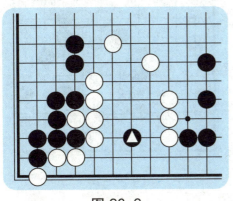

图 26-9

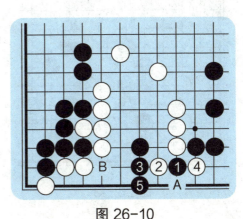

图 26-10

图26-11中，左侧的黑棋已不可能就地形成活棋，只能想办法与右侧的黑棋取得联络，怎么联络呢？

如图26-12，黑1是好棋。白2没有用，至黑5，A位与B位黑棋必得其一。

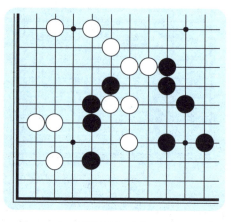

图 26-11

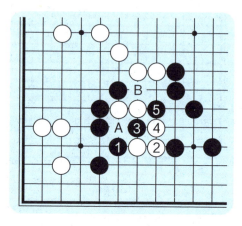

图 26-12

如图26-13，黑1时，若白2下立，则黑3挖、5接，之后A位和B位黑棋必得其一。

如图26-14，若黑1托，则2位的要点被白棋占据，黑棋三子被切断。

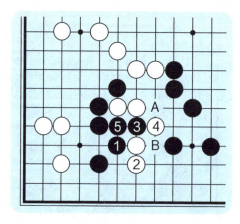

图 26-13

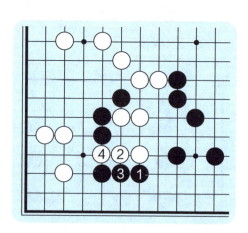

图 26-14

图26-15中,黑⚫四子似乎已插翅难逃,其实并非如此。我们看看有办法吗?

如图26-16,黑1、3后,黑5扑一下,可最大限度地缩紧白气。

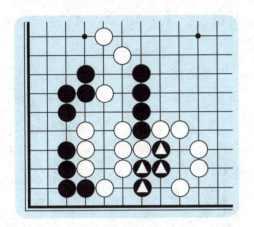

图 26-15

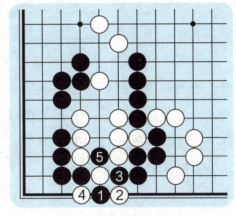

图 26-16

如图26-17,白1提,黑2打,白3若接,其后白5又执迷不悟,则至黑8,白棋气不够。

如图26-18,2位这一点若被白棋占据,则黑5冲时,白6可接,黑棋气不够。

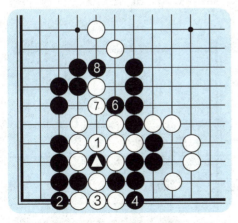

图 26-17(⑤=⚫)

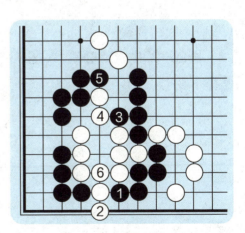

图 26-18

三、弃子

弃子是围棋中非常重要的战术手段之一。有人说"懂得弃子才算会下棋",这话可能有点夸张,但也说出了弃子的重要性。初学者下棋往往一个子都不舍得丢,这是正常的,但随着棋艺的提高,就必须懂得弃子,学会弃子,棋艺水平就会发生飞跃。

弃子有两种情况。一种是己方的子处于险境,如果出逃就会成为负担,遭到对方的猛烈攻击,导致全局的被动。这时与其疲于奔命,不如爽快地弃掉而转向别处。这就是棋诀中所说的"逢危须弃"。另一种是战术弃子,就是主动送几个子给对方吃,从中得到比弃子更多的利益。

图26-19中,黑1夹过来,白▲一子如果出逃,势必遭到黑棋追击而成为负担,所以白2及时转身进角,至白10,白棋通过弃掉白▲一子获得角地。

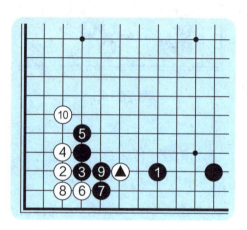

图 26-19

图26-20中,黑▲断,白棋应该怎样下呢?

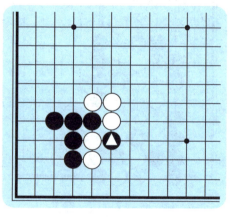

图 26-20

如图26-21，白棋舍不得弃两子而是白1打吃，至黑6，下边白棋要想做成活棋，还要继续在三路线上爬。白棋每在三路线上下一子与黑棋四路线上的子相对应，都会对上边白三子增加一分危害，下边白棋做成活棋的代价是使黑棋得到强大的外势，并严重伤害上面白三子，所以白1的选择是不明智的。

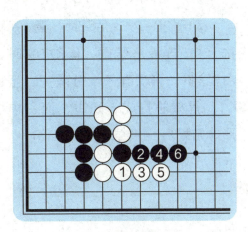

图 26-21

如图26-22，白1打吃，弃掉两子是很好的下法。黑2时，白3长，多弃一子是好棋，以下白5、7先手将黑棋封住，白棋十分理想。

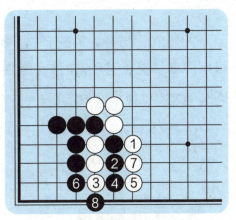

图 26-22

如图26-23，黑4尖是妙手，但白5、7仍可封住黑棋。

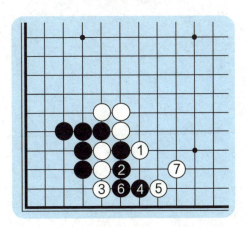

图 26-23

如图26-24，白3时，黑4拐抵抗，白5连扳是要点，黑6打吃时，白7滚打，再次弃子十分漂亮，至白11，黑棋被打成一团饼，而白棋棋形非常好。

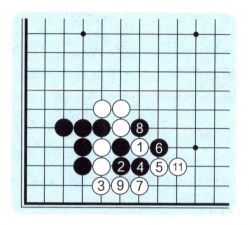

图 26-24（⑩=①）

如图26-25中，黑6打时，白棋根据周围情况也可于7位接，至白15枷吃黑一子，白棋外势强大。

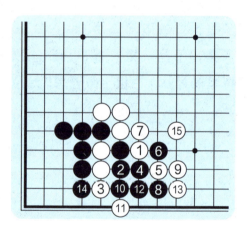

图 26-25

第27天　腾　挪

腾挪是指通过托、碰等手段进行试探，寻找出路，使自己比较呆板的子得以整形、活棋或寻求转换。腾挪要具备两个基本条件：一是对方阵形有薄弱之处，有机可乘之机；二是己方准备出动的棋子不是十分重要，可以放弃。

图27-1中，黑1镇头以后，白▲一子如果直接于A位出动，显然前途渺茫。由于白▲一子不是十分重要，可弃可取，这时就可以采用腾挪的办法寻求转换。看白棋怎样行棋？

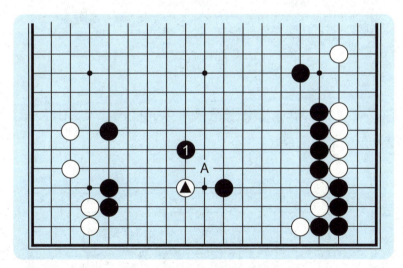

图 27-1

如图27-2，白2托、4断是常用的腾挪手段，至白8，白弃掉左侧一子，在右侧活出一块棋，黑棋因下边A位是弱点，左侧黑空并不大，白棋腾挪成功。

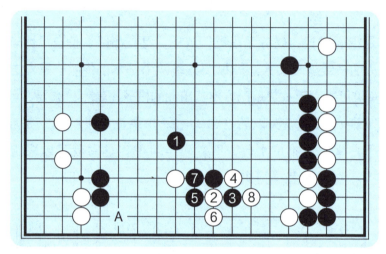

图 27-2

如图27-3，白4断时，黑5长是最顽强的抵抗，但白6打、8挡，至白16，黑棋阵形崩溃。

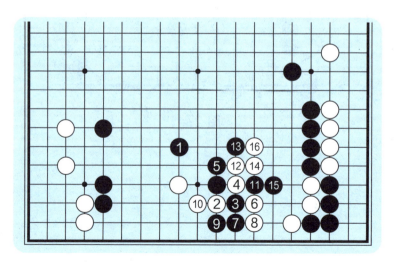

图 27-3

图27-4中，黑▲断，假如白棋A位征吃不利，白棋应怎样腾挪呢？

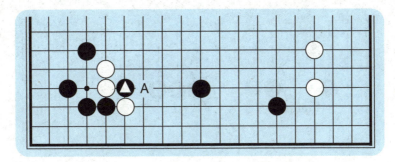

图 27-4

如图27-5，白1、3打吃，直接行动是最坏的下法，至黑4，白棋已无法腾挪。

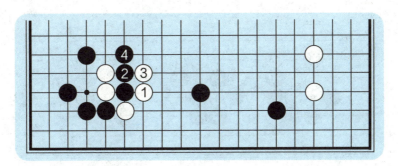

图 27-5

如图27-6，白1长后，再3、5、7逃出，至黑8，白棋仍是受攻之形。白棋有没有更好的办法呢？

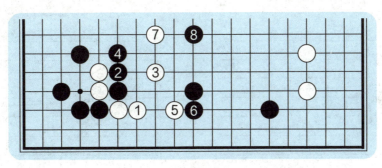

图 27-6

如图27-7，白1碰是腾挪的好棋，黑2长，白3至白9已基本做成活棋。

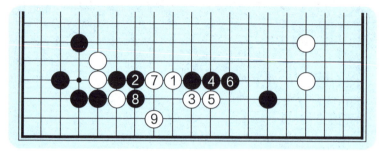

图 27-7

如图27-8，黑2立，则白3、5连扳是关键，至白13吃住黑棋二子，白棋腾挪成功。

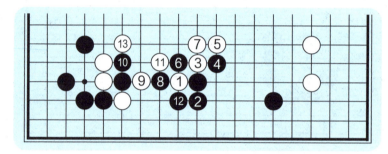

图 27-8

如图27-9，黑先，怎样处理角上的问题？

如图27-10，黑1打、3连是非常笨重的下法，白4吃住一子之后，黑棋自己的三个子还得逃走。

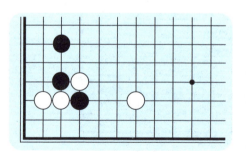

图 27-9

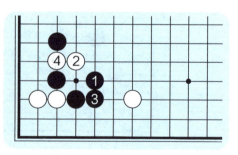

图 27-10

如图27-11，黑1碰是常用的腾挪着法，白2长，黑3打、5冲出来，以下至黑9拐攻击白右边两子，十分有力。

如图27-12，黑1碰时，白2打吃一子，黑3长，以下至黑7可征吃白右边一子，收获也很大。

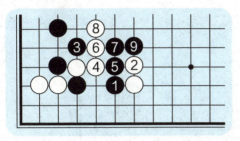

图 27-11

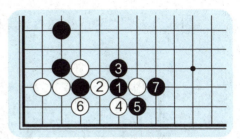

图 27-12

如图27-13，黑先，怎样尽快安置好这四个黑子？

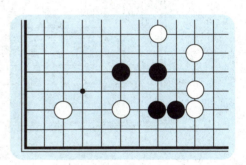

图 27-13

如图27-14，黑1点是此形处理的要点。白2挡，黑3向上长是好棋，以下至黑15弃掉两子，从容地做出两个眼。

如图27-15，黑1点时，白2压，黑3可连回，黑5顶住之后，下边已经有一个眼，A位还可做一个眼，黑活棋没问题。

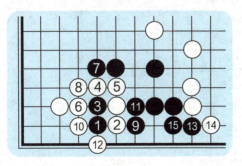

图 27-14

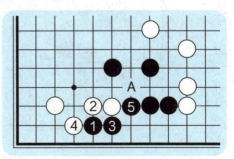

图 27-15

综合练习

第1题：如图，对下边白棋，黑棋有A、B两个打入点可以选择，哪一点好呢？

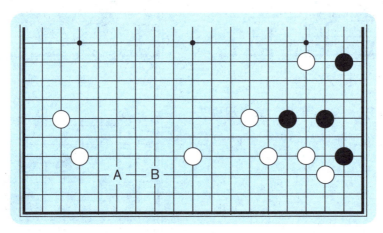

第1题

第2题：如图，黑棋应怎样攻击白棋五子呢？

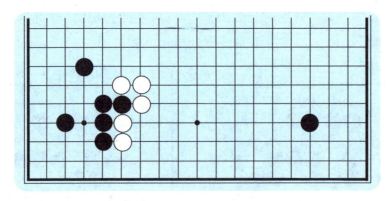

第2题

第3题：如图，白▲子抢了角，黑棋应下哪儿呢？

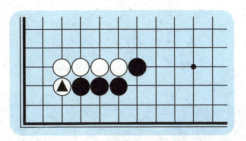

第3题

第4题：如图，左侧黑棋四子被分断，但白▲子比较零乱，黑棋怎么办？

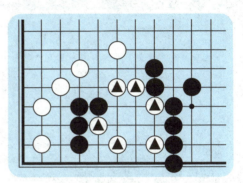

第4题

第5题：如图，黑1打吃，白棋怎样利用白▲一子在外围获得利益呢？

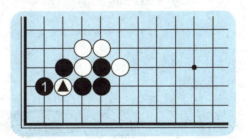

第5题

第6题：如图，黑棋三个子很单薄，应怎样下呢？

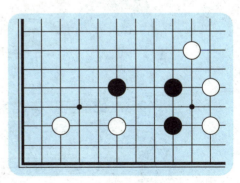

第6题

第6章 中盘基本技巧

第 7 章

官子基本技巧

一盘棋经过布局,再经过中盘激烈战斗后,双方的地盘基本确定,此后双方争占边界地盘、划清边界的过程就叫"收官",双方抢到的边界地盘就叫"官子"。收官阶段是一盘棋的最后阶段,也是一个非常重要的阶段,官子的好坏直接关系到一盘棋的胜负,因此学习官子技巧是提高围棋水平的重要环节。

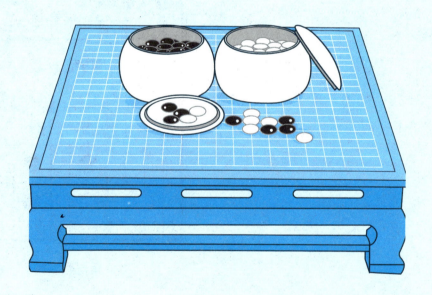

第 28 天　官子的种类和计算

一、官子种类

一些初学者认为终盘的官子仅仅是细小目数的争夺，可有可无，因此随意下子，使大好局面在不经意间溜走，从而懊悔不已。其实，官子技巧对于一局棋最终能否取胜至关重要，也可以说提高官子技巧是提高胜率的重要保证。学习官子并不难，初学者也可以看懂算清官子，静下心来，也能从中获得乐趣。

按照收官先后次序，大致分为以下的官子类型。

1. 双方先手官子

无论哪方先走都是绝对先手或者虽不绝对但基本具有先手权利的官子称为"双方先手官子"，简称"双先"。双先官子轮到谁先下子，对于双方目数上的出入甚大，因此价值巨大。因此，双先官子及时收官，不容有失。

图28-1中，此处的扳粘，无论谁走都是先手，因此黑1、3扳粘，先手获利。

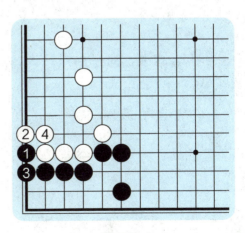

图 28-1

图28-2中，如果白1、3扳粘，黑2、4也基本上不能脱先。

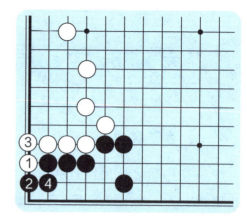

图 28-2

2. 单方先手与逆收官子

单方先手官子指的是对于一方来说基本上是先手，而对于另一方来说却是后手的官子，简称"单先"。

图28-3中，黑1、3扳粘基本上是先手，白2如果不应，白棋将遭受巨大损失。

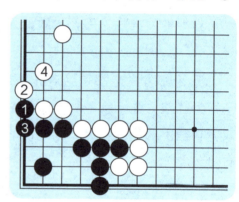

图 28-3

图28-4中，对于白棋来说，白1、3扳粘是后手。

单先官子被对方走掉，就是"逆收"。

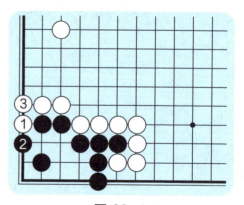

图 28-4

3. 双方后手官子

由于双方都是后手，次序上要放到最后，但也要具体情况进行分析，如果目数价值巨大，也是必须重视的。

图28-5中，黑1虽然是后手，但至黑5，角上获利也很可观。

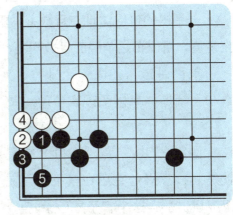

图 28-5

图28-6中，黑棋如果脱先在其他地方下子，白1跳入，黑棋若跟着应，损失不小，因此继续脱先，至黑12的棋子都是必然的，黑棋角地损失巨大。

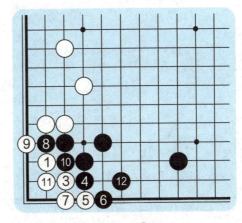

图 28-6（❷脱先）

最后简单谈谈绝对先手官子的问题。

绝对先手，就是这种先手如果对方不应，就会导致棋局的巨大损失或者输棋，具有很大的优先权。但走的时机相当重要，不宜太早，因为可以将其保留作为劫材；但过迟又会被对方逆收。由于绝对先手官子本身价值的特殊性，即对于先手方是无条件所得，而对于逆收方可能仅仅是一到两目的价值，因此，双方都要通过计算当前盘面上官子的总数以及价值以后再进行综合分析，找出最恰当的时机抢先收官。

二、官子计算

一手棋的价值体现在目数上。因为中盘战斗有攻有守，棋子常常具有潜在价值，所以不是单纯的目数问题，而官子却能够十分清楚地算出其大小。

前面讲过，在同一个地方，对方走的结果与己方走的结果之间的目数和，就是一手棋的现实价值。

图28-7中，黑1围到1个交叉点就是1目，黑1走完后白棋不必再在这里下棋，那么这个官子是后手1目。

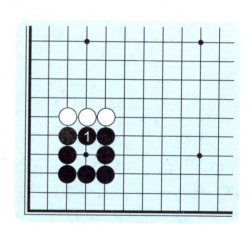

图 28-7

图28-8中，白1冲，破掉黑棋围1目的机会，自己没有得到目，也是后手1目。

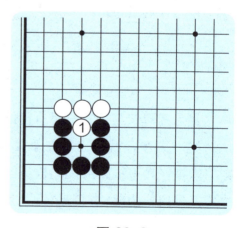

图 28-8

图28-9中,黑1提一个子得到2目。黑棋提一子虽然只围到1个交叉点,得到1目,但是白棋减少了一个子。为了计算方便,通常称提一子为2目。

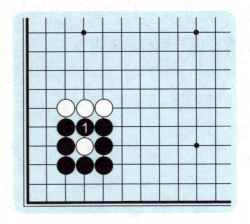

图 28-9

图28-10中,白1连,虽然自己没有目,但是黑棋提一子能得到2目,因此白1连也是2目。

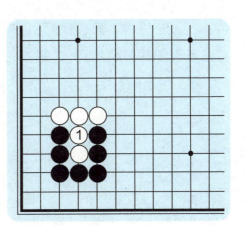

图 28-10

图28-11中,黑1断吃白棋三子是6目,再加上A位的1目,因此黑1断吃这手棋的价值是7目。

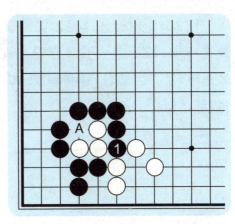

图 28-11

图28-12中，白1连，没有目数，但与黑棋断吃得到7目相比，差额刚好是7目，因此白1连这个官子也是7目。

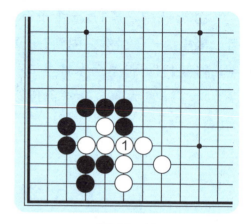

图 28-12

图28-13中，黑1提有几目呢？有读者可能认为是2目，这是不正确的。黑1的价值是3目。

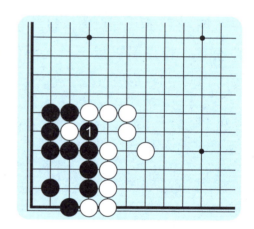

图 28-13

图28-14中，白1连，使黑棋失去提一子得2目的同时，自己在A位又围成1目，因此白1连和图28-13黑1提都是3目。

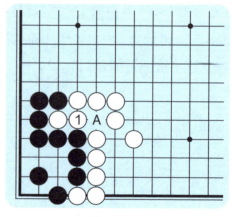

图 28-14

图28-15中，黑1断吃白二路线一子是几目？黑1断打，白2反打，黑3提掉之后，这里可以看成以白A、黑B定形。

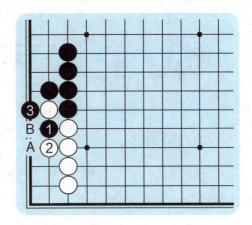

图 28-15

图28-16中，白1连之后也看成以白A、黑B定形。我们比较一下两图中目数的增减，数差为黑地减少3目，白地增加3目，共计6目。因此，不管是图28-15的黑1断吃一子，还是本图中白1连，这个官子都是6目。

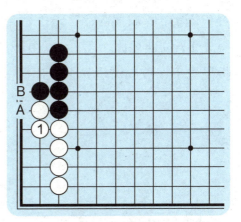

图 28-16

第29天 官子的大小和收官次序

一、小官子

一般来讲，10目以下的官子被称为"小官子"。小官子周边的形势比较明朗，价值容易计算。

图29-1黑1扳，白棋不敢挡，只好白2退，以后黑A还是先手，与白棋先下A位连相比，差3目。由于黑1扳是先手，故应该是先手3目。

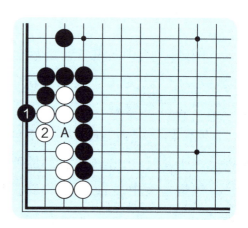

图 29-1

图29-2黑1从一路渡，把自己两块棋连在一起的同时还围到标有x的4个交叉点，因此黑1有4目的价值。

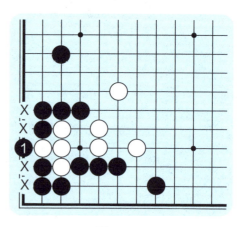

图 29-2

图29-3中，白1大飞是正确的收官方法，这手棋俗称"大伸腿"，指在一路线上的大飞。白1大伸腿的价值是先手9目。

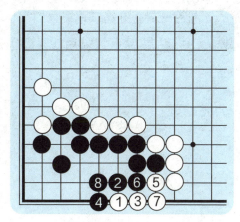

图29-3

如图29-4，如果黑先，黑1挡，白2脱先，以后黑还有3、5先手扳粘的利益，与图29-3白1大伸腿相比，黑增加6目，白减少3目，所以黑1的价值是后手9目。

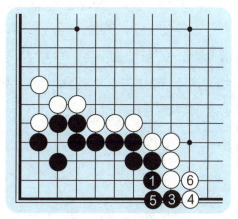

图29-4（②脱先）

图29-5中，现在棋形有了变化，白1小飞是收官的好棋，如果大伸腿就会落后手。白1小飞的价值是先手7目。

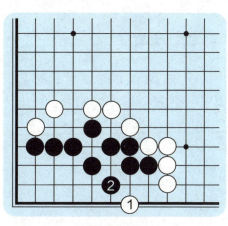

图29-5

图29-6中,这是二路线上的官子。黑1、3扳粘是后手,以后黑A扳也是后手。

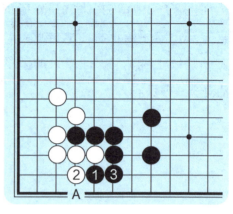

图 29-6

如图29-7,白先,白1、3扳粘及以后A位扳也是后手,与图29-6黑扳粘相比可知,1、3位的二路线扳粘是双方后手6目。

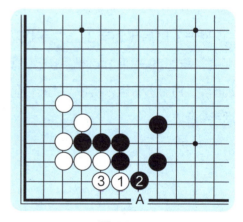

图 29-7

二、大官子

10目及以上的官子被称为"大官子"。大官子周边的形势错综复杂,计算其价值比较困难。

如图29-8，围绕黑▲一子，双方官子各自的价值是多大呢？

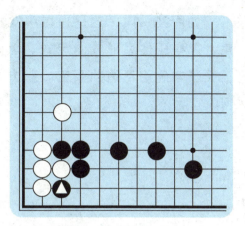

图 29-8

如图29-9，黑先，黑1粘，保住了下边的实地。如白棋不应，黑3可以继续扳。之后还有黑A、白B、黑C、白D的手段，白棋角上的实地只剩3目。黑棋实地有15目。

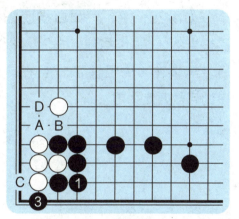

图 29-9（②脱先）

如图29-10，白先。白1、白3打吃一子极大，如黑4脱先，白5到白9还可以继续扳粘获利。最后白棋有10目，而黑棋仅剩下8目。

双方一出一入，考虑到黑棋的后续官子都是后手，保守地算，各自的价值都在10目以上。

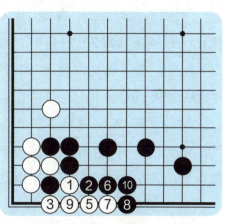

图 29-10（④脱先）

第7章 官子基本技巧

如图29-11，这是白棋小飞挂角，黑棋压住后形成的定式。黑棋已经基本确定下边的实空。双方如何收官呢？

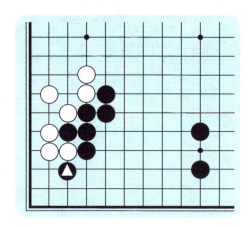

图 29-11

如图29-12，假如白棋脱先，黑棋当然会在1位挡住。白2、4扳粘后，黑棋在×内围住了18目棋。白棋的目数暂定为零。

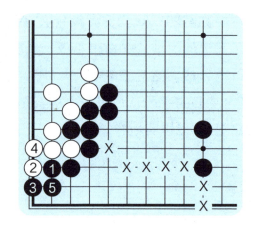

图 29-12

如图29-13，白先，白1断，黑棋一子已经被割下。黑2只好打吃，放弃三·三位。为了防止白棋再在10位先手扳粘，黑6、8是好手，到白11定形。

对比图29-12，白棋多了10目，而黑棋×内只有8目，少了10目。由此可见，双方的价值在20目棋以上。

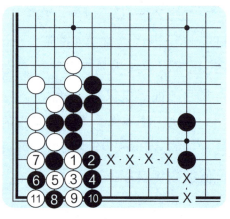

图 29-13

三、收官次序

收官次序的问题我们在前面也提到过，一般来说，在全局范围内，就是先收大的，再收小的。但有些局部会存在几个官子，先收哪个，后收哪个，需要细心计算！大家要好好学习。

如图29-14，黑棋角上实空很大，留下两个扳粘的官子。白棋先收哪一个呢？

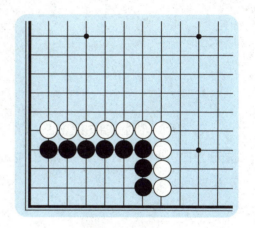

图 29-14

如图29-15，白1扳。到黑8，黑棋共有14目。

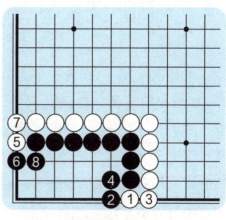

图 29-15

如图29-16，白1、3扳粘在上边，黑棋并没有粘而是在4位虎，这下白5、7扳粘，不但少破1目棋，最重要的是成了后手。白棋亏了。

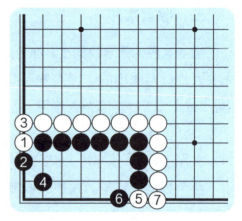

图 29-16

如图29-17，接图29-16，黑8脱先，白9即使断，到最后黑16也能安全连回家。

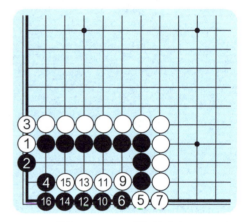

图 29-17（❽脱先）

如图29-18，白1先在下边扳，黑4如想提前准备，白5断、7打、9枷、白11、13打吃，黑棋反而全军覆灭了。因此黑4只能老老实实在5位补棋，而白可再在A位收官。白两边官子都先手占到了。

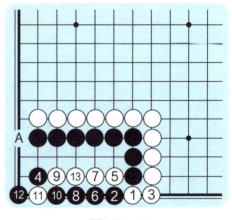

图 29-18

综合练习

第1题：如图，A、B两处的官子，黑棋该怎么收呢？

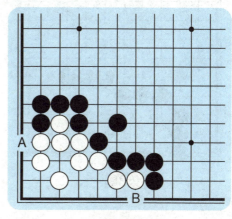

第1题

第2题：如图，黑先，如何利用黑▲子，收A位的官子呢？

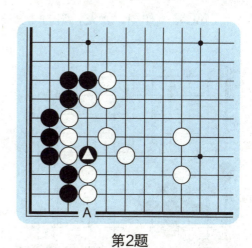

第2题

第7章 官子基本技巧

第3题：如图，黑先，A位的官子该怎么收呢？

第4题：如图，白先，A、B两处官子怎么收官呢？

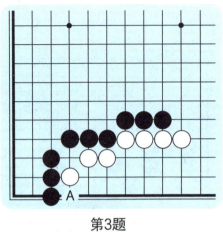

第3题

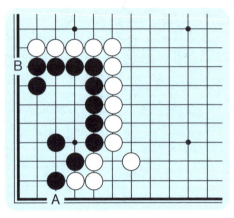

第4题

第5题：如图，黑先，A、B、C三处官子应该如何收呢？

第6题：如图，黑先，A位的官子应该如何收呢？此处官子价值几目？

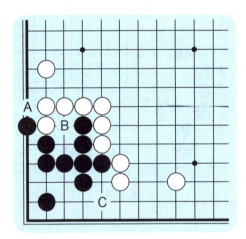

第5题

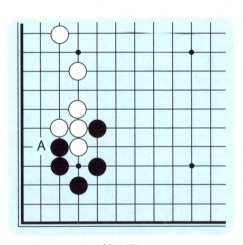

第6题

第 8 章

棋局的胜负

一盘棋经过双方上百手棋的战斗，最终结束。确定胜负通常有中盘胜和数棋两种形式。当一方通过形势判断认为自己的棋与对方棋实地差距过大，无法挽回时，往往会主动认负，对手即获得"中盘胜"。如果双方差距非常细微，是"细棋"，双方会将棋盘上所有空白地盘全部划分完毕，之后通过数棋来决定胜负。那么，就让我们看看，具体是怎样判断胜负的吧。

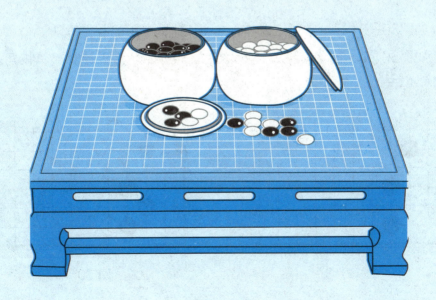

第 30 天　胜负计算

一、形势判断

在棋局进行中，对双方所掌控的实地进行计算，对发展趋势进行预判，以此比较双方的优劣，这个过程叫作"形势判断"。

如图30-1，黑棋用二子守角，此时以×为界来计算黑棋所围目数比较准确。

如图30-2，这样的计算是以这个假想图为依据的，黑棋大约围住11目。

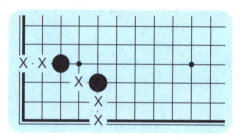

图 30-1

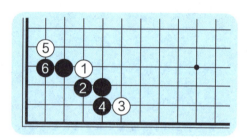

图 30-2

如图30-3，这是常见定式棋形，黑1跳是常用的补棋方法。

如图30-4，假设按照白1、黑2定形，可以×为界计算，黑棋角上大约围住13目。

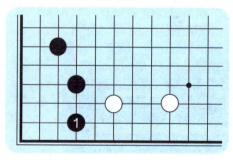

图 30-3

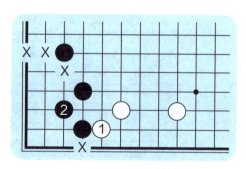

图 30-4

如图30-5，这是黑棋星位大飞定式的棋形，由于存在白▲子，白棋可A位打入，此时黑棋不能以×为界来计算目数。

如图30-6，即便黑1补一手，若A位、B位都是白棋先手，黑棋也只能以×为界计算目数。

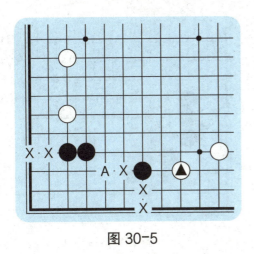

图 30-5

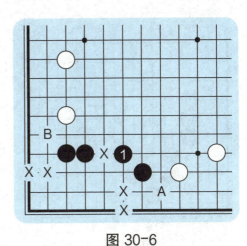

图 30-6

如图30-7，黑棋在边上拆二，大体上可以×为界来计算其价值。

如图30-8，以这个假想图为依据，黑棋在边上大约围住了4目。

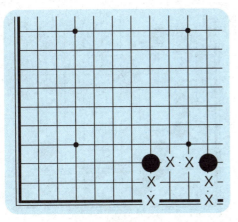

图 30-7

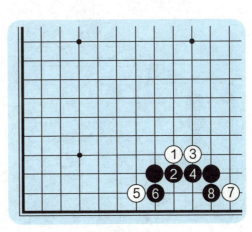

图 30-8

如图30-9，白1以下虽夺走角地，但黑棋取得强大的外势。

如图30-10，白棋可以×为界来计算角的价值。而黑棋的外势对控制周边的作用很大，虽其发展潜力很难立即进行评估，但起码可以×为界来估算目数。

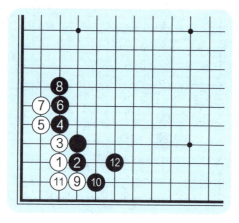

图 30-9

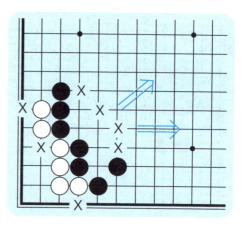

图 30-10

如图30-11中，若黑❸拆，以×为界所得的目数就更多了。

如图30-12中，在黑棋两侧展开时，以×为界估计所得目数会更多。

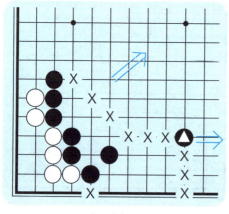

图 30-11

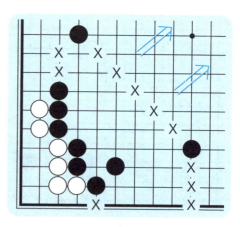

图 30-12

如图30-13，黑1补棋，配合两边的黑子，大体可以×为界来计算黑棋下边的价值，这就是外势的作用。

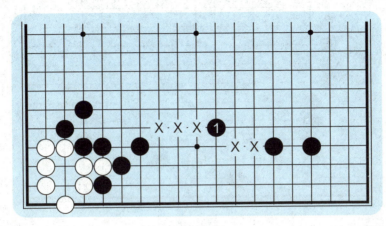

图 30-13

如图30-14，按常规，白棋可以×为界来数目；而黑棋右下方，白棋既可在A位打入，又可在B位点角。但实际上并不能单纯这样计算，因为左侧黑棋太强，必会对下边白棋产生极大的影响。

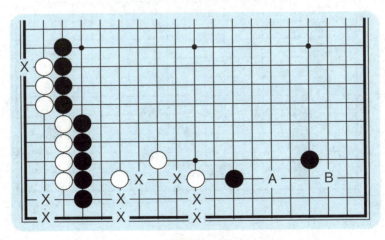

图 30-14

如图30-15，黑1打入，白▲三个子甚至还有生死问题。

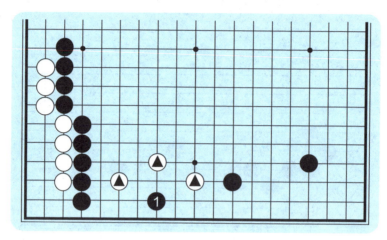

图 30-15

如图30-16，双方如果按本图下法处理，黑棋右下坚固，白棋形势却不见好。

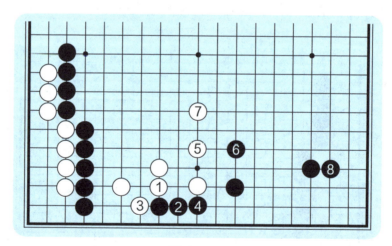

图 30-16

如图30-17，我们来看一盘双方基本划好势力范围即将结束的棋。请大家做个简单的判断，现在是黑棋形势好还是白棋形势好呢？

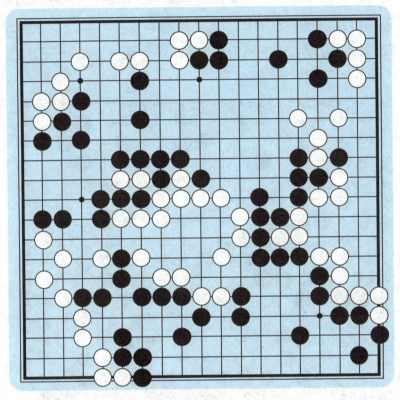

图 30-17

这是两位业余高手的对局，下到这里时，黑棋认输了。原来黑方认真地数了一下目，发现自己的目数比白棋差了不少，断定已经没有再赢的可能，故主动认输。

第8章 棋局的胜负

以图30-18为参考，让我们来为双方数一数目。黑棋一共有三块棋（大体按照×位计目，局部定形后会略有出入），下边大块棋约47目，左边20多目，上边的棋目数暂不固定，先按照黑棋补一手后有8目计算，黑总共约75目。白棋有四块棋（大体按照▲位计目），右边约31目，左上约23目，左下约17目，中间约11目，加在一起不会少于82目。

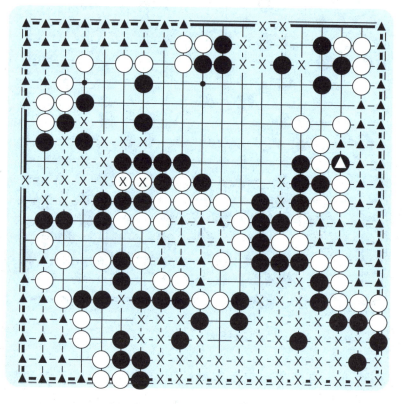

图30-18（双方死子1子计2目）

黑棋要贴白3¾子，即贴7目半，也就是说，黑棋目数下来应比白多七八目才能维持局面的平衡。现在，黑棋目数不仅不多，反而比白少了7目，难怪黑棋要认输呢？

二、数棋

通过形势判断发现，双方实地差距非常小的棋，叫作"细棋"。此时双方会将棋盘上没有归属的交叉点，全部占领完毕，之后采用数棋的方式进行胜负判断。为了计算方便，通常会将其中一方的棋以10为基础，将所占空和子进行整理、计数，这个过程称为"做棋"。在日常对局中，我们可以选择黑白任意一方进行做棋，并根据围棋规则进行比对，即可得出胜负。而在正式比赛中，要由裁判对黑棋进行数棋。

如图30-19，我们来看一盘下完的棋。这是日本依田纪基九段对韩国李昌镐九段的一盘对局，现在棋盘上已经没有未被占领的交叉点。

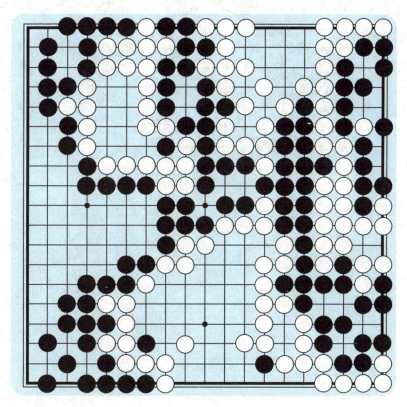

图 30-19

如图30-20，首先，我们要把双方在X位上的死子拿掉。

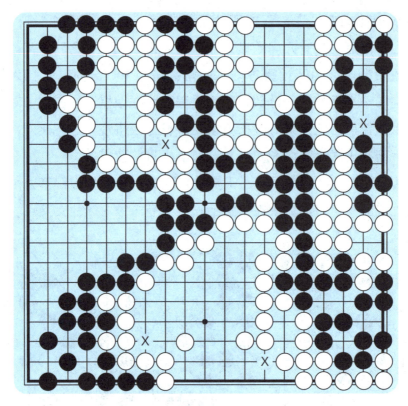

图 30-20

如图30-21，我们按照正式比赛的规则，选择黑棋来做棋。先将黑棋的空以10为基数，整理为若干块。在这个过程中，不足10的交叉点可以用黑子填满，或者将部分黑子从棋盘上拿去，把一块空凑成10的倍数。如果形状不规则，可以与周围的白子调换位置，整理成规则的形状。图中，黑棋整理好的空一共是10+10+10+10+20+30=90，请记好这个数字。

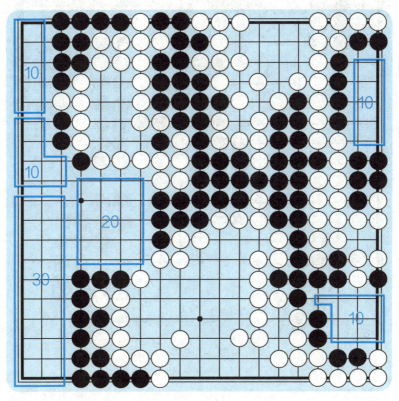

图 30-21

如图30-22，随后，我们再将棋盘上剩余的黑子就近放在一起，整理成以10位基数的若干群体。图中黑棋一共剩余95子。

那么，黑棋做棋的结果就是90+95=185，根据围棋规则，黑棋正好185获胜。

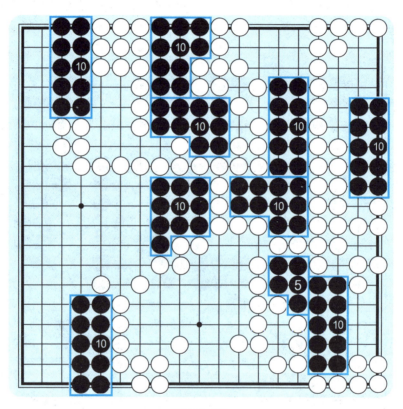

图 30-22

大家可以再用白棋来做棋验证一下，本局棋白棋做棋后的结果应该为176，白负。

综合练习答案

第1章

第1题: 1. 19；19；361   2. 8；位置；天元
3. 181；180   4. 黑
5. 185；177   6. 气
7. 提子   8. 打吃
9. 长；粘   10. 己方的禁入点

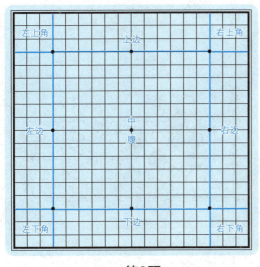

第2题

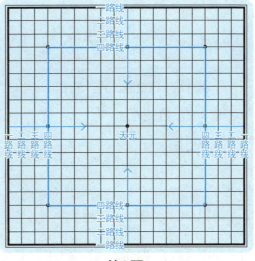

第3题

第4题：2口气。

第5题：3口气。

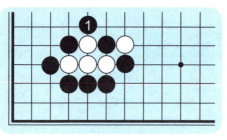

第6题

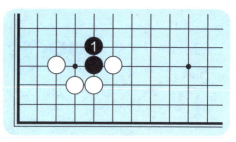

第7题

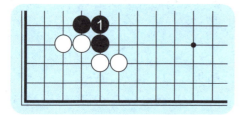

第8题

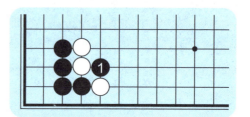

第9题

第 2 章

第1题：如图，黑1断打，当白2连时，黑3再抱吃。

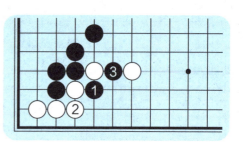

第1题

第2题：如图，黑1断打正确，白2连时，黑3再门吃。

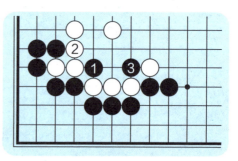

第2题

第3题：如图，黑1、3连续打吃白棋的棋筋，白棋连后，黑5再门吃，白子就逃不掉了。

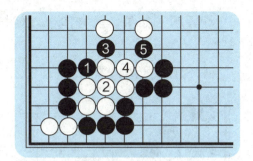

第3题

第4题：如图，黑1断打，白2连，黑棋再在3位双吃，白棋就没办法了。黑棋也可先在3位断打，再在1位双吃。

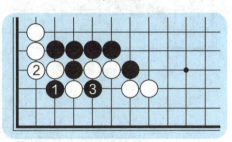

第4题

第5题：如图，黑1打吃，同时长自己的气，白2长后，黑3再枷吃。

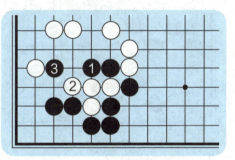

第5题

第6题：如图，黑1断打，白2长时，黑3继续打吃，之后再黑5枷吃，这样边上的白棋就逃不掉了。

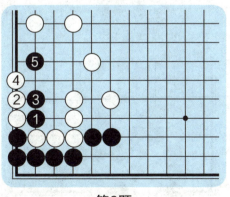

第6题

第7题：如图，黑1打吃，白2长，黑3再打吃，至黑9，白棋已无路可逃了。

第8题：如图，黑1打吃，白2连，黑3再打吃，可以征吃白棋。

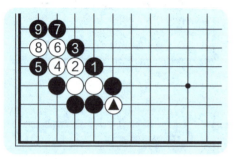

第7题　　　　　　　　　　第8题

第9题：如图，一共有12个虎口。

第10题：黑1倒扑，已经吃掉了白棋四子。白棋如在A位提，黑棋可在1位反提五子。

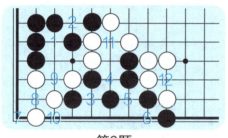

第9题　　　　　　　　　　第10题

第11题：黑1倒扑，白2提，黑3再打吃，形成接不归。

第12题：如图，黑1打吃，白2逃跑，黑3拦挡，白4长，黑5堵住，就可以吃掉白棋了。

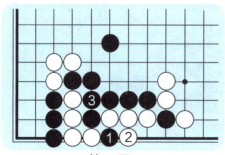 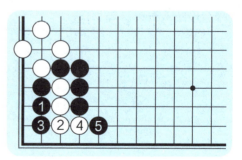

第11题　　　　　　　　　　第12题

第13题：如图，黑1夹好棋，这样白棋二子就被吃掉了。

第14题：如图，黑1挡，白2逃跑时，黑3再挡，白棋无路可逃。黑1如在2位挡，白在1位拐，则黑吃不住白棋，大家可自己验证一下。

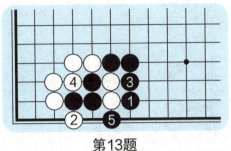

第13题　　　　　　　第14题

第4章

第1题是死棋；第2题是活棋；第3题黑先则为活棋，白先则为劫杀；第4题是死棋。

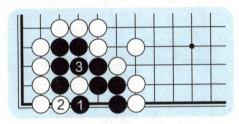 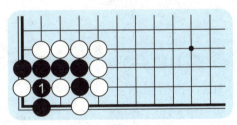

第5题　　　　　　　第6题

第7题：如图，黑1立，确保右边能做出一只眼，同时利用左边白棋的弱点，至黑5成接不归，再做一只眼。

第8题：如图，黑棋下方有一只真眼，黑1、3利用先手做出另一只眼，活棋。

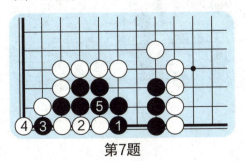 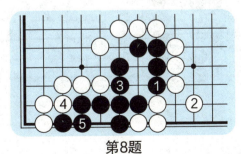

第7题　　　　　　　第8题

第9题：如图，黑1利用白棋气紧的缺陷，直接破眼，白棋A位不入气，被杀。

第10题：如图，黑1扳缩小眼位，白2挡，黑3点眼次序正确。白4做眼，黑5送吃，白如提黑二子，黑可在5位扑，白棋被杀。

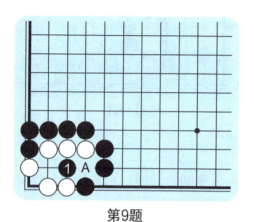

第9题

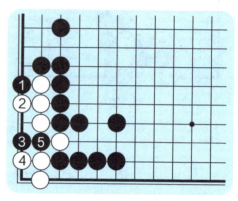

第10题

第11题：如图，黑1点眼，十分重要。白2断，黑3长，白棋气紧无法做眼，白棋被杀。

第12题：如图，黑1扳，缩小眼位，白2挡，黑3点，白4做眼，黑5扑，次序正确，白棋被杀。

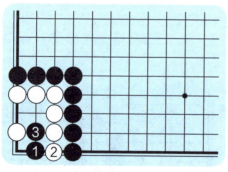

第11题

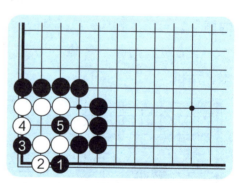

第12题

第13题：如图，白棋角端的棋形是方四，只有一只眼，所以黑棋只需要阻止白棋在右边做眼即可。黑1飞至黑7是常用的破眼方式，白棋被杀。

第14题：如图，黑1、3缩小白棋的眼位，再利用白棋的缺陷连续打吃，白棋不活。

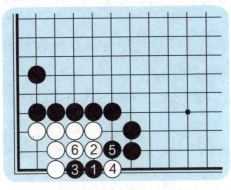

第13题（⑦=①）

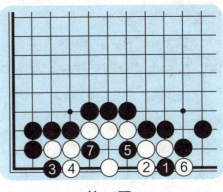

第14题

第15题：如图，黑1点在一·二的位置，这是非常常用的角上死活手筋，至黑3，形成盘角曲四，白棋被杀。

第16题：如图，黑1点是先手，白2挡，黑3至黑7是常用的破眼方式，白棋被杀。

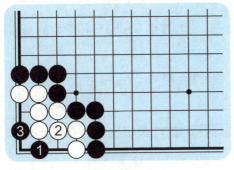

第15题

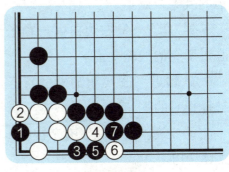

第16题

第5章

第1题：A 黑棋从外侧挂角，注意子力间的策应，有全局观念，若从B位或C位挂角，黑棋的活动空间较小。

第2题：A 白棋从外侧挂角，以大局为重向外面发展，若从B位或C位挂角，眼光短浅。

第3题：B 白棋点三三时，黑棋分断是正确的下法。此时右边太宽，在右边星位附近无子的情况下，不宜在A位挡。

第4题：B 白棋从右上角外侧挂角，是快速布局的下法，可以顺利抢到上边的战略要点。

第5题：C 白棋占上边后，黑棋挂角成为好棋，一方面占左边，另一方面防止白棋上边形成立体结构。

第6题：B 黑棋是大模样作战，所以在高位应对正确。如在C位尖顶是吃亏的下法。

第7题：B 黑棋在右边构筑大模样。白棋从外侧破坏，是正确的下法。如在A位直接打入会受到攻击。

第8题：C 由于黑棋边上一子在三路线上，黑棋在右上形成外势后，白棋通过侵消，可以压缩黑棋的势力。

第9题：B 黑棋需要发展右边的大模样，所以要从下边挂角，占据下边的战略要点。

第10题：A 右边白棋一颗子没有依靠，此时拆二是必须要走的点，胜过所有的战略要点。

第11题：B 黑棋肩冲的目标是右上角的大模样，白棋往上边爬。是针锋相对的下法。

第12题：B 白棋没有来挂角，黑棋就守住，这样黑棋在下边形成无忧角立体结构。

第6章

第1题：如图，黑1打入正确。白2若守右边，则黑3至7已成活棋。

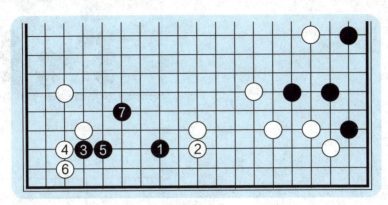

第1题

第2题：如图，黑1是攻击白棋的要点，白2连，黑3飞，白棋整体受攻。白2若在A位虎，则黑B位退，整块白棋仍然受攻，黑棋还留有C位扳过的手段。这个棋形如果轮到白棋走，则白1是防守的要点。

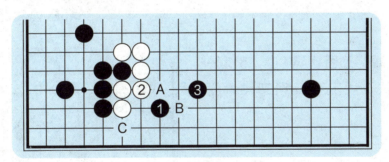

第2题

第3题：如图，黑1虎是正确下法，不但补了断点，而且更加强大。

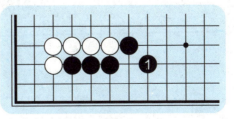

第3题

第4题：如图，黑1点击中了要害，至黑7，黑不仅可以连接，还能吃掉白三子。

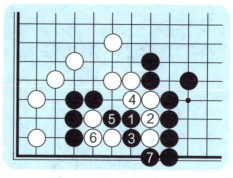

第4题

第5题：如图，白2长，多弃一子是关键，接下来，白4、6、8再次弃子，先手将上边封住，然后再白10、12先手将右边封住。白棋通过弃子先手将黑棋完全封锁。

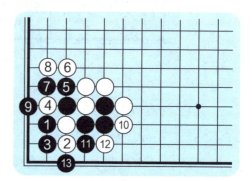

第5题

第6题：如图，黑1搭、3断是正确下法，以下至黑11即可做成活棋。

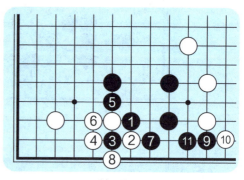

第6题

第7章

第1题：如图，B位是双先官子应先收，以下至黑7是双方的正确收官次序。

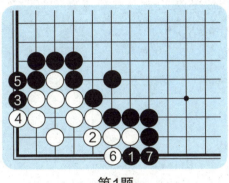

第1题

第2题：如图，黑1扳，白2曲，黑3连扳，好棋！以下至黑9是双方必然，黑棋破坏了白棋的空，成功收官。

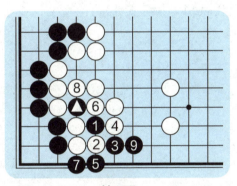

第2题

第3题：如图，黑1跳，好棋！抓住了白棋的弱点，白2不得已，黑3接，白4挡，是双方正确收官次序。其中，由于白棋A位有断点，白2不能在3位断，否则，白棋被吃。

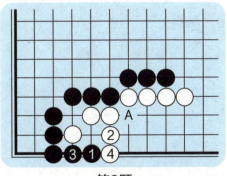

第3题

综合练习答案

第4题：如图，白1、3扳粘，次序正确。黑4接后，白棋再5、7扳粘，这样黑空是18目。其中，白1、3扳粘是先手。

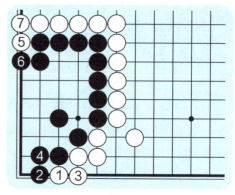

第4题

第5题：如图，黑1小尖，最大。白2挡，至白6，黑7逆收，以下至黑11，黑空是11目。

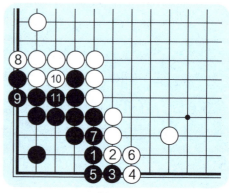

第5题

第6题：如图，黑1立是正确的手段。白2挡，黑3、5扳粘，至白6，黑棋先手7目官子。

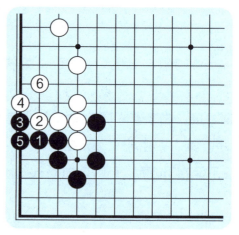

第6题